REGAIN

ŒUVRES DE MARCEL PAGNOL dans la collection FORTUNIO

SOUVENIRS D'ENFANCE
La Gloire de mon père.
Le Château de ma mère.
Le Temps des secrets.
Le Temps des amours.

L'EAU DES COLLINES
Jean de Florette.
Manon des sources.

Marius.
Fanny.
César.

Topaze.
Angèle.
La Femme du boulanger.
La Fille du puisatier.
Regain.
Le Schpountz.
Naïs.
Merlusse.
Jofroi.
Notes sur le rire.
Confidences.
Cinématurgie de Paris.
La Petite Fille aux yeux sombres.
Judas.
Pirouettes.
Cigalon.

ŒUVRES COMPLÈTES DE MARCEL PAGNOL

Tome I : Théâtre.
Tome II : Cinéma.
Tome III : Souvenirs et romans.
Tome IV : Œuvres diverses *(à paraître)*.

IL ÉTAIT UNE FOIS MARCEL PAGNOL.
Sa vie et son œuvre.
192 pages. 275 photos. Par Raymond Castans.

Les films de Marcel Pagnol sont disponibles en vidéocassettes éditées par la Compagnie Méditerranéenne de Films.

MARCEL PAGNOL
de l'Académie française

REGAIN

*film de Marcel Pagnol d'après
le roman de Jean Giono*

Editions de Fallois

Photographie de la couverture :
Gédémus : Fernandel
Arsule : Orane Demazis
Au dos de la couverture :
Panturle : Gabriel Gabrio
Arsule : Orane Demazis
dans le film *Regain*, 1937.

La loi du 11 mars 1957 n'autorisant, aux termes des alinéas 2 et 3 de l'article 41, d'une part, que les *copies ou reproductions strictement réservées à l'usage privé du copiste et non destinées à une utilisation collective*, et, d'autre part, que les analyses et les courtes citations dans un but d'exemple et d'illustration, *toute représentation ou reproduction intégrale ou partielle, faite sans le consentement de l'auteur ou de ses ayants droit ou ayants cause, est illicite* (alinéa 1er de l'article 40).

Cette représentation ou reproduction, par quelque procédé que ce soit, constituerait donc une contrefaçon sanctionnée par les articles 425 et suivants du Code pénal.

© Marcel Pagnol, 1989.

ISBN : 2 - 87706 - 063 - 2
ISSN : 0989 - 3512

ÉDITIONS DE FALLOIS, 22, rue La Boétie, 75008 Paris.

PERSONNAGES

PANTURLE	*Gabriel Gabrio*
ARSULE	*Orane Demazis*
GÉDÉMUS	*Fernandel*
MAMÈCHE	*Marguerite Moreno*
GAUBERT	*Edouard Delmont*
JASMIN	*Charles Blavette*
LA BELLINE	*Milly Mathis*
L'AMOUREUX	*Henri Poupon*
ALPHONSINE	*Odette Roger*
LE BRIGADIER	*Le Vigan*
ASTRUC	*Paul Dullac*
LE GARDE CHAMPÊTRE	*Louisard*
LA MARTINE	*Mme Chabert*
LE BOUCHER	*Charbley*
JÉRÉMIE	*Jean Castan*
LE PERCEPTEUR	*Bassac*
LE GENDARME	*Rollan*
L'ONCLE JOSEPH	*Olive Pierre, dit « Pèbre »*
BALTHAZAR	*Louis Gay*
CABANIS	*Fabre*
LE COCHER	*Albert Spanna*
LE BÛCHERON	*Louis Chaix*

Le village en ruine qui a servi de décor au film a été construit sur les plans de Marcel Pagnol, au sommet de la colline du Saint-Esprit, dans le massif d'Allauch, près de la montagne de Ruissatel.

Directeur de la production : Charles Pons.
Assistant : Léon Bourrely.
Administrateur : Emile Boyer.
Accessoires : Jean Adam et Henri Garzia.
Maîtres maçons : Marius Brouquier et René Paoletti.
Maçons : Fortuné Giraud, Jules Caramagnolles, Jean Gochero, Louis Griot, Jean et Ange Meuci, Dominique Massela, Marius Baille, Jean Baille, Antoine Martinez, Jean Schwing, Paul Marius, Laurent Bourrelly, Baptistin Bonanséa, Désiré Gabriel.
Mineurs : Vincent Dovi, Joseph Couccini, Louis Orlando, Olive Pierre dit « Pèbre ».
Charpentiers-menuisiers : François Avella, Joseph Latière, Lucien Hugues.
Machinistes-décorateurs : Albert Spanna (chef machiniste), Michel Scotto, Paul Aperio.
Chef jardinier : Michel Saracco.

Chef bûcheron : Louis Fellini.
Chef électricien : Etienne Fabre.
Chauffeurs-mécaniciens : Georges Hugues, Robert Zimmermann, Edmond Gay.
Manœuvres : Marius Baille, Germain Chappet, Désiré Appay, Calini Corado, Edmond Berranger, Fernand Catelani, Albert Giaccherini, René Del'Rosso, Paul Baptistin, Emile Maurin, Alphonse Gaillardi, Etienne Décugis, Joseph Ricotta, Léon Camoins, Raymond Prieur, Paul Bourrelly, Albert Imbert, Paul Barthès, Vincent Santaluccia, Emile Moine, Louis Chapello, Ange Figueras, Pierre Cometto, Raymond Rolet.
Economat et cuisine : Léon Bourguet, Mmes Bellin, Cometto, Charrière, etc.

SON

Ingénieur : Jean Lecoq;
Assistants : Marcel Lavoignat; Max Olivier; Etienne Fabre.

IMAGE

Premier Opérateur : Willy;
Deuxième Opérateur : Roger Ledru;
Assistants : Pierre Méré, Pierre Arnaudy, Henri Daries.

MONTAGE

Suzanne de Troye;
Assistante : Jeannette Ginestet.

MAQUILLAGE

Albino.

MUSIQUE

Arthur Honegger.

PREMIÈRE PARTIE

AU MOIS DE DÉCEMBRE

Sur une route de montagne, dans un grand paysage d'hiver, la diligence monte vers Banon. Sur le siège, le cocher a les oreilles couvertes d'un passe-montagne. Sur l'impériale, il y a le percepteur, qui est assez jeune, à côté d'une jeune fille emmitouflée. Comme on va attaquer la dernière montée, le cocher arrête les chevaux, il descend, il ouvre la porte.

LE COCHER *(jovial)*

Messieurs et dames, voulez-vous descendre un instant, à cause de la montée? C'est pour soulager les chevaux.

Dans la voiture, sur les coussins de moleskine, il y a une bonne sœur qui descend la première. Puis on voit sortir Mlle Delphine, qui est sans doute la mercière de Banon. Puis une paysanne, puis un paysan, puis l'oncle Joseph, qui est très vieux.

L'ONCLE JOSEPH

Monstre! Tu nous fais sortir avec un temps comme ça!

Le percepteur est descendu de l'impériale et il se frotte les mains avec vigueur.

LE COCHER
Oh! Pour un peu de vent qui passe!

LE PERCEPTEUR
Il est glacé, ton peu de vent! Il me coupe la figure.

LE COCHER
Voilà ce que c'est d'être toujours dans votre bureau! Si au lieu d'être percepteur vous meniez la diligence, une brise un peu froide ne vous ferait pas peur!

Il prend le bras de l'oncle Joseph, qui s'appuie sur lui.

Allez vaï, l'oncle Joseph, d'un peu marcher, ça va vous faire du bien!

L'ONCLE JOSEPH
Oh moi! le bien...

LE PERCEPTEUR
Enfin, pourtant, ça va, la santé?

L'ONCLE JOSEPH
Je me plaindrais, j'aurais tort.

La diligence est repartie, lentement. Et tous la suivent, comme si c'était un corbillard, en faisant la conversation.

14

DELPHINE

Au fond, vous êtes pas mal, chez le neveu...

LE COCHER

Il est toujours mieux qu'à Aubignane... C'était plus une vie, ce que vous faisiez là-bas.

L'ONCLE JOSEPH

C'était plus guère tenable. On n'était plus que cinq. Puis le Félipe a eu sa place de facteur au Revest... Alors un jour, je me suis dit : « Qu'est-ce que tu plantes ici? D'un jour à l'autre, ça va tout te dégringoler sur la tête. En galère! » C'est à ce moment-là que je l'ai fait dire au neveu. Je lui ai donné tout ce que j'avais. Moi, un peu de soupe, un peu de tabac, je fais mon train...

LE PERCEPTEUR

Et les autres, ils y sont encore là-haut?

LE COCHER

S'ils y sont, ne le dites pas au percepteur : il va leur envoyer des feuilles d'impôts.

L'ONCLE JOSEPH

Oh pauvre! Le facteur n'y va même plus... Il n'y a pas un mètre de labouré depuis dix ans... Il y a des arbres dans les maisons, et ça s'écroule de tous les côtés.

DELPHINE

Combien sont-ils?

L'ONCLE JOSEPH

Ils sont encore trois. Il y a Gaubert, tu sais, le

guigne-queue... Le père du Gaubert qui est employé
des chemins de fer. Il est encore plus vieux que moi.
Il y a Panturle : celui-là c'est le plus jeune. Il a
peut-être quarante ans. Et puis, il y en a une qu'on y
dit la Piémontaise.

LAURE

C'est pas une femme qui a les cheveux rouges?
Elle va dans les fermes pour aider quand on tue le
cochon. Je l'ai rencontrée aux cerisettes l'an
passé...

L'ONCLE JOSEPH

Toi, tu connais toujours et, au fond, tu ne connais
rien. Non, elle n'a pas les cheveux rouges et elle ne
sort jamais d'Aubignane. C'est une vieille cavale
toute noire. Elle s'appelle la Zia Mamèche...

LE PERCEPTEUR *(docte)*

Zia, en italien, ça veut dire tante.

L'ONCLE JOSEPH

Quelque chose comme ça. Cette femme, ça fait au
moins quarante ans qu'elle est là-bas. Je me souviens, moi, de quand elle est arrivée. Elle savait pas
un mot de français... Son homme c'était un puisatier.
Ce que c'est que le destin... On faisait un puits, nous,
à Aubignane.

Lui, il était de l'autre côté de ses Alpes, peut-être
bien tranquille.

Nous, avec notre puits, on arrive à un endroit
difficile, tout en sable qui coule, et notre maçon, qui
était de Corbières, nous dit : « Je ne descends pas
là-dedans. J'ai pas envie d'y rester. » Lui, le Piémontais, c'est juste à ce moment qu'il arrive à Aubi-

16

gnane, avec guère de sous et une femme qui allait faire le petit. Ce qui l'avait tiré de là-bas ici, allez chercher... Le destin... « Moi je descends », qu'il dit.

Il a creusé encore quatre mètres... Et un soir, vers les six heures, on a entendu tout par un coup, en bas, comme une noix qu'on écrase entre les dents. Il n'a pas crié. Il n'est plus remonté. On n'a jamais pu l'avoir. Quand, au milieu de la nuit, on a descendu une lanterne au bout d'une corde pour voir, on a vu monter l'eau au-dessus de l'éboulement... Elle montait vite... On était obligé de hausser la corde à mesure... Il y avait au moins dix mètres d'eau au-dessus de lui !

LE COCHER

Ça alors !

L'ONCLE JOSEPH

Et attendez : ce n'est pas tout là ! Elle était marquée, cette femme. Elle a eu son petit peut-être deux mois après. On disait : « Après ce qu'elle a passé, il naîtra mort. » Eh bien non, son petit était beau. Alors, elle a repris un peu de la vie. Elle faisait des paniers... Elle portait le jeune homme dans un sac et, pendant qu'elle travaillait, elle le posait dans l'herbe et elle chantait... Il s'amusait avec des fleurs... *(Il s'arrête essoufflé.)* Vous savez que ce n'est pas commode de parler en montant la côte !

Je souffle ! Je me fais vieux !

Alors une fois, c'était à l'époque des olives, on a entendu dans le bas du vallon comme une voix du temps des loups. Et ça nous a tous séchés de peur sur nos échelles. C'était en bas, près du ruisseau. On est resté longtemps comme ça, puis on a osé. On est descendu à travers les vergers, tous muets, à ne pas savoir. Nos femmes étaient restées toutes serrées en tas. Et ça hurlait toujours en bas, à déchirer le tendre du ventre!

Elle était comme une bête. Elle était couchée sur son petit comme une bête. On a cru qu'elle était devenue folle. L'Onésime Bus met sa main sur elle pour la lever de là-dessus, et elle se retourne et, à pleine bouche, elle lui mord la main.

A la fin, on a pu l'emporter. Son petit était là dans l'herbe tout noir déjà et tout froid, l'œil gros comme un poing et dans la bouche une bave épaisse comme du miel.

Il était mort de longtemps. On a su, parce qu'il en avait encore des brins dans sa petite main, qu'il avait mangé de la ciguë. Il en avait trouvé une touffe encore verte. Il s'en était amusé pas très loin de sa mère qui chantait.

MLLE DELPHINE

Pauvre femme!

Ils font encore quelques pas. On arrive en haut de la côte, près d'un chemin plein d'herbes.

L'ONCLE JOSEPH

Tenez, d'ici, vous pouvez le voir, le vieux village... Enfin vous pouvez voir le clocher entre les arbres. Regardez...

LE PERCEPTEUR

C'est ça, le village d'Aubignane? Ça a l'air tout mort.

18

L'ONCLE JOSEPH

Ça n'est pas mort tout à fait, mais ça ne tardera guère...

LA RELIGIEUSE

Y a-t-il encore un prêtre, là-haut?

L'ONCLE JOSEPH

Oh bou Diou! Il y a longtemps qu'il est parti.

LA RELIGIEUSE

Pauvres gens!

MLLE DELPHINE

Est-ce que nous allons y passer?

LE COCHER

Oh pauvre! Il faudrait un aéroplane pour y aller! Nous, nous allons tourner à droite, pour redescendre vers les pays civilisés...

Les chevaux se sont arrêtés. Le cocher ouvre la porte.

Allons, messieurs dames! On remonte dans le carrosse et on descend sur Banon en dix minutes! Allez, l'oncle, mettez-vous entre les filles, ça vous tiendra chaud.

AU VILLAGE

Nous nous approchons maintenant du village. Au bord des rues pleines d'herbes il y a de grands murs en

*ruine qui se penchent les uns vers les autres... Le toit
de l'église est crevé. Seule, une maison est restée debout. C'est celle de Panturle, l'un des derniers habitants.*

*Nous entrons dans sa cuisine. Un grand feu de bois
flambe sous le chaudron. Panturle arrange le feu.*

*Tout à coup, au loin, on entend un long sifflement
de berger. Panturle lève la tête. Le sifflet recommence,
comme un appel. Alors Panturle sort.*

*Devant la maison, il y a une chèvre attachée. Il la
détache et il l'entraîne.*

PANTURLE

Allez, Caroline, viens. On monte à Gaubert.

*Il s'en va avec elle à travers les rues écroulées du
village, il arrive devant la porte de l'église. Elle est
noire et fendue. Il la pousse. Il appelle.*

PANTURLE

Mamèche!

La vieille femme sort sur le seuil.

Tiens, voilà Caroline. Tire-lui le lait...

*La vieille prend la corde et fait entrer la chèvre dans
l'église, en disant :* Cabro, Cabro.

*Panturle continue à monter vers Gaubert, qui siffle
encore. Nous le suivons, le long des rues abandonnées,
et nous arrivons avec lui devant la forge.*

*Là, sur la porte, il y a le vieux Gaubert en grande
tenue du dimanche. Panturle est étonné et soupçonneux.*

PANTURLE

O Gaubert! Tu as mis la belle veste?

GAUBERT *(doucement et honteux)*

Je pars...

PANTURLE

Tu pars?

GAUBERT

L'enfant me l'a fait dire hier, sur le tard, par le berger des Pamponnets... Il dit qu'il a peur de cet hiver pour moi, tout seul... Il dit que je serai mieux là-bas... Il dit qu'il m'a fait la chambre à côté de la cuisine pour la chaleur du poêle... Il dit que sa femme et ses petits, ça me fera un peu de plaisir, et que la Belline me soignera bien... J'ai bientôt quatre-vingts, tu sais...

PANTURLE

Oui, je sais... Tu les portes bien, pourtant...

GAUBERT

L'enfant m'a fait dire qu'il viendrait avec le cheval jusqu'à la Font de Reine-Porque... Après, la charrette passe plus. Il paraît que notre chemin s'est tout écrasé au fond du ravin...

PANTURLE

Moi, je passe à pied, mais c'est tout juste.

GAUBERT

Alors, je t'ai sifflé pour que tu m'aides. Que tu me portes mes paquets...

PANTURLE

Alors, tu t'en vas... Toi, Gaubert, tu t'en vas?

GAUBERT

Il faut bien. Parce que, tu sais, je pars pas volontiers... De quitter tout ça, ça me fait peine...

PANTURLE

Combien tu en as fait, ici, de charrues?

GAUBERT

Va chercher! Peut-être trois cents... Peut-être plus. Va, je savais les faire... Et maintenant, je saurais encore, mais je ne peux plus... Et puis, à qui elles serviraient?

Ils entrent tous les deux dans la forge. Sur le sol de terre battue, il y a une grosse malle soigneusement cordée et un paquet fait d'un grand carré de toile dont les quatre coins sont noués.

PANTURLE

C'est ça, tes paquets?

GAUBERT

Oui, c'est ça!

PANTURLE

La grosse boîte, c'est pas la peine d'essayer. Il y a au moins trois endroits où elle ne passera pas. Tu y tiens?

GAUBERT

Non, c'est des choses du temps de ma femme.

PANTURLE *(il montre un paquet noué)*
Et ça, là-bas?

GAUBERT

Ça oui, j'y tiens!

*Panturle va prendre le paquet par les oreilles. Il tire,
l'étoffe se déchire, l'enclume paraît.*

PANTURLE

O fan de garce! Tu veux emporter ça?

GAUBERT

Ça oui, pourtant... Elle est pas très très lourde.
Pour une enclume, je veux dire, elle est pas très
lourde... Quand j'avais soixante ans, je pouvais
encore la porter... Je voudrais pas la laisser comme
ça, près d'une forge froide, tu comprends?

PANTURLE

Oui, je comprends.

GAUBERT

Je l'avais achetée à la foire de Manosque, le
dernier jour de mon service militaire... C'est bête, pas
vrai, c'est bête... Mais tu sais, quand on est
vieux...

PANTURLE

Je vais essayer. Quand est-ce qu'il t'attend, le
Jasmin?

GAUBERT

Il m'a fait dire qu'il partirait de la maison au soleil
pointé.

PANTURLE

Tu es tout prêt?

GAUBERT

Oui. Mais je veux pas dire adieu à la Mamèche.
Ça me ferait trop de peine.

PANTURLE

Je lui dirai pour toi.

*Il se charge l'enclume sur l'épaule, il prend l'autre
paquet de l'autre main, il part.*

PANTURLE

Allez zou.

*Gaubert jette un dernier regard sur sa forge. Puis il
suit Panturle.*
*Ils s'en vont, tous deux, le long du sentier qui fut
jadis une route. De temps à autre, Panturle s'arrête et,
la tête penchée sur le côté à cause de l'enclume, il
parle.*

PANTURLE

Alors, comme ça, l'enfant te réclame?

GAUBERT

Eh oui.

PANTURLE

C'est pas parce que des fois tu t'es plaint?

GAUBERT

Oh non, c'est pas mon genre de me plaindre.

PANTURLE

Tu pourras t'habituer, loin d'Aubignane? *(Gau-*

bert hoche la tête.) Peut-être il a besoin de toi là-bas.

GAUBERT

Peut-être.

Un silence.

PANTURLE

Alors, tu seras près de la cuisine? Qui sait si ça fera bien l'affaire de ta belle-fille?

GAUBERT

Je ne sais pas.

Nous les précédons à la Font de Reine-Porque.
Le fils attend, sur sa carriole. Il a l'uniforme des employés de chemin de fer. Il est gelé. Il regarde au loin. Il les voit descendre.

LE FILS

Oou! Dépêchez-vous qu'il fait froid!

Ils arrivent vers lui.

PANTURLE

Si tu avais porté ça, pendant une heure, tu n'aurais pas froid!

Il pose le paquet sur la charrette.

LE FILS

Qu'est-ce que c'est? C'est vos économies? *(Panturle sourit, Gaubert a l'air gêné. Le fils dénoue le paquet.)* Vous êtes fou, père?

PANTURLE

Non, il n'est pas fou, va. Toi, tu ne sais pas. Allez, Gaubert, monte!

Gaubert s'installe. Panturle lui met l'enclume entre les jambes. Le vieux la caresse, il est content.

GAUBERT

Merci, Panturle... Je penserai à toi souvent.

LE FILS

Si des fois tu descends dans la plaine tu sais où nous sommes.

PANTURLE

Oui, je sais.

LE FILS

Alors, si tu veux partager notre soupe, tu n'auras qu'à entrer et t'asseoir...

PANTURLE

Je ne dis pas non. Et toi, Jasmin? Tu es content, avec ton joli costume?

JASMIN

Ça ne va pas mal. On gagne sa vie... Les petits vont bien. Et toi, tu veux rester sauvage toute la vie, alors?

PANTURLE

Qu'est-ce que tu veux, c'est ma nature. Et puis en bas, dans ces maisons qui ont toutes les vitres, il me semble que je peux pas respirer... Allez vaï, emmène

le père... Qu'il prenne pas mal pour le dernier jour!
Adieu, Gaubert.

GAUBERT

Adieu, Panturle.

LE FILS

Allez! Hue! Adieu!

GAUBERT

Adieu, Panturle!

PANTURLE

Alors, adieu.

*Il s'en va les mains dans les poches, il remonte vers
la montagne.*

DANS L'ÉGLISE

*La Mamèche a mis le lait au feu. Sur la table, elle
place trois bols, elle attend.*
*Panturle arrive dans le village mort. Il s'avance
jusqu'à l'église.*

PANTURLE *(sur la porte)*

Oh Mamèche!

MAMÈCHE *(de l'intérieur)*

Oh fils!

PANTURLE

C'est fait à Caroline?

MAMÈCHE

C'est fait. Ça bout. C'est tout prêt.

PANTURLE

La saluta! *(Il entre, il s'assoit. La Mamèche remplit deux bols de lait. Comme elle va remplir le troisième, Panturle l'arrête.)* C'est plus la peine d'en mettre trois.

MAMÈCHE

Comme? Il est mort?

PANTURLE

Non. Il est parti.

MAMÈCHE

Répète un peu.

PANTURLE

Il vient de partir.

MAMÈCHE

Et pour où?

PANTURLE

Chez l'enfant.

MAMÈCHE

Chez l'enfant? Chez l'enfant? Ah madonna! Alors c'est tous? Tous?

PANTURLE

Il est bien vieux.

MAMÈCHE

Et moi, je suis pas vieille, moi? Je pars, moi? J'en ai, moi, de l'enfant? Ah madonna porca! *(Elle jette le bol de lait au visage de la Vierge.)* Ah madonna, que toi tu fais tout comme tu veux! Et que tu m'as battue comme le blé, et que tu m'as séchée comme le blé, et que tu me manges comme le blé!...

PANTURLE

Laisse-la tranquille, va...

MAMÈCHE

Tu les as laissées pourrir, mes prières! Tu peux me regarder avec tes yeux de craie! Je te le dis, moi, là, en face. Et qu'est-ce que tu pourras me faire encore? Je suis déjà toute saignée!

PANTURLE

Calme-toi, Mamèche... Ça ne sert à rien.

MAMÈCHE

Tu le sais, toi, ce qu'elle m'a fait... Tu le sais que mon homme est là, au fond de votre terre, qu'il est allé là-bas dans le fond vous téter l'eau avec la bouche jusqu'à la veine des sources. Pour faire boire, pour les chèvres, pour la soupe. Alors, à quoi il a servi, mon homme, mort dans votre porc de pays? A quoi il a servi d'aller vous chercher l'eau? Quand ils l'ont eu bien fait mourir, ils se sont mis à partir, les uns après les autres, comme des cochons qui vont aux glands. Et maintenant, pour les retenir, qu'est-ce qu'elle fait celle-là, à rire là? Ah Sainte Vierge, si c'est pour être sur moi, comme un gros pou à me sucer le sang, c'est bien la peine que je t'invente des prières!

PANTURLE

Doucement, Mamèche, doucement... Ecoute, viens là à côté de moi, Mamèche... Ecoute : on reste encore tous les deux...

Elle se tait un moment, elle met du bois au feu.

MAMÈCHE

Je pense à l'enfant, à mon petit Rolando, celui qui est aussi sous la racine de l'herbe... C'est pas justice, ça... Eux, leurs petits sont tous vivants, et tout ça est parti pour chercher la bonne place... Moi, tout ce qui me tenait le cœur ici c'est devenu de l'herbe et de la terre... Et moi, je resterai ici tant que je serai pas de la terre, moi aussi...

PANTURLE

Et moi aussi, Mamèche. J'ai la mère enterrée près du figuier... C'est moi qui l'ai enterrée... Elle était grosse comme une sauterelle. Alors, je reste.

MAMÈCHE

Oui, mais quand nous serons partis, ça fera du bois sauvage, et ça sera tout effacé.

PANTURLE

Mais qu'est-ce qu'il faut faire?

MAMÈCHE

Ecoute : dans les premiers temps qu'on était mariés, avec l'homme, on était du côté de Pignatello à travailler. J'allais avec lui sur le chemin. On traversait le bois et il y avait des charbonniers. Une fois on s'est approché d'un endroit où il y avait toujours une meule de charbon qui fumait. C'était rasé tout autour, nous savions que l'homme allait couper le bois n'importe où, aussi loin qu'il fallait, et qu'il l'apportait pour le cuire juste à cet endroit-là. Et il ne voulait pas le cuire ailleurs, comme ils font d'habitude. Et alors on a voulu savoir pourquoi. On s'est approché et alors on a vu.

Il y avait une baraque, sous trois arbres, une cosa di niente, de rien, je te dis, grosse comme une noix. Et devant, il y avait une femme et deux petits et les petits couraient à quatre pattes comme des chiennots. On a demandé, et la femme nous a dit : les deux enfants ce n'était pas toute la famille, il y en avait un autre dans la terre, bien sage pour toujours, avec une petite barrière de bois autour de l'endroit où il dormait... Et il y avait aussi dans la terre le père de la femme, un tout vieux, et ça faisait comme le commencement d'un cimetière; et c'est à cause des morts qu'ils ne voulaient pas partir... Et parce qu'il y avait cette femme avec de gros seins, et cet homme bien vivant qui passait dans la fumée de la charbonnière – et qu'ils étaient tout pleins d'autres enfants, aujourd'hui, c'est peut-être un village aujourd'hui... Un vrai village, avec la forge et la fontaine. Tandis qu'ici...

Elle pleure.

PANTURLE

Bois ton lait, Mamèche... Il va être froid... Moi je descends... jusqu'à la route... Tu as encore des pommes de terre?

MAMÈCHE

Oui.

31

Fais-les durer encore un peu. Je vais mettre des collets, et puis j'irai voir celui des Bourettes; il m'en donne un sac pour deux lièvres... Tu as du sel?

MAMÈCHE
J'ai de tout, mon fils...

Panturle sort. On le suit. Il descend vers la plaine, sauvage, pensif.

CHEZ LA MAMÈCHE

Mamèche regarde la Vierge, et brusquement elle va vers elle.

MAMÈCHE
Bellissima! Mia bella! Toi, je t'aime plus que tout! Viens que je t'essuie! *(Elle essuie la Vierge.)* Va, ne t'inquiète pas, tu es toujours ma belle...

Elle la remet en place, elle se jette à genoux, elle prie.

CHEZ LA BELLINE

Le soir, à table. La Belline, le fils Jasmin, deux enfants et Gaubert. Ils mangent la soupe paysanne.

GAUBERT

Elle est bonne, votre soupe, Belline... Il y a des années que j'en avais pas mangé de pareille...

LE FILS

Si vous aviez voulu, père, il y a longtemps que vous en mangeriez tous les soirs... Mais vous préfériez vos ruines... Et qu'est-ce que vous mangiez là-haut?

GAUBERT

Le lait de la chèvre... Des lapins, des amandes... La bonne soupe, ça me manquait... Mais je n'osais pas descendre ici... J'avais peur de déranger...

LE FILS

Vous voyez bien que vous ne dérangez pas.

LA BELLINE

Pourquoi dis-tu des choses pareilles? Bien sûr qu'il dérange. Mais il faut bien l'accepter, puisque c'est le père!... Et puis, pourquoi ne pas parler franchement? Les vieux, ça dérange toujours, mais quoi, on ne peut pas les tuer... Et puis, nous serons vieux à notre tour...

LE FILS

Vous savez, père, elle dit ça, mais dans le fond...

GAUBERT

Mais dans le fond, elle le pense. Belline, puisque je vous dérange, moi je prends mon enclume et je m'en vais.

LE FILS

Mais non, père... Voyons, Belline, tu n'es pas folle?

LA BELLINE

Moi, je lui dis la vérité pour qu'il ne se fasse pas des idées... Qu'il ne se mêle pas de commander...

LE FILS *(avec une colère subite)*

Et où tu l'as vu qu'il commande? Il n'y en a qu'un qui commande ici. Et c'est moi. Et si tu as besoin d'une raclée, elle est toute prête. Et puis tâche de manquer de respect au père. Je te renvoie à la ferme où je t'ai trouvée, que le purin des vaches coulait dans le puits.

LA BELLINE

Mais dis donc...

LE FILS

Assez! Tiens, tu as fini de manger. *(Il prend l'assiette de soupe de la Belline, et la lance par la fenêtre.)* Lève-toi et sers le père. Reste debout près de lui.

La Belline, l'air mauvais, se lève et va se tenir immobile près de Gaubert.

LA BELLINE

Père, je ne l'avais pas dit pour du mal...

GAUBERT

Je sais, ma fille. Je sais.

Il mange et il pleure dans son assiette.

DANS L'ÉGLISE, LE SOIR

Panturle et la Mamèche ont fini de manger. La Mamèche casse des olives. Le feu les éclaire vaguement.

MAMÈCHE

Fils, mets-toi devant le feu que je te regarde.

PANTURLE

Pour quoi faire?

MAMÈCHE

Mets-toi devant le feu!

PANTURLE *(il obéit, puis il la regarde)*

Qu'est-ce que tu veux?

MAMÈCHE

Baisse-toi, que le feu t'éclaire.

Il se baisse, il est éclairé, elle le regarde longuement.

PANTURLE

Et puis? Tu m'as vu?

MAMÈCHE

Je t'ai vu.

PANTURLE

Et alors?

MAMÈCHE

Alors, Christou... je pense à ce charbonnier... Celui qui était plein d'enfants... Toi aussi tu pourrais en faire...

PANTURLE

Je peux pas les faire tout seul.

MAMÈCHE

Il faudrait une femme...

PANTURLE

L'envie m'en prend, quelquefois, aux beaux jours... Mais où elle est, celle qui voudrait venir ici?

MAMÈCHE

Où elle est? N'importe laquelle, si tu la forces.

PANTURLE

Alors, toi, tu crois que ça se fait comme ça? Tu voudrais que je fasse l'homme des bois, et que j'aille voler une fille des fermes?

MAMÈCHE

Tu as peur?

PANTURLE

Non, j'ai pas peur. Mais ça ne se fait pas comme ça. Il faut que ça vienne de plus loin, et de plus longtemps.

MAMÈCHE

Mais si je t'en amène une, tu la prends?

PANTURLE

Et où tu irais la chercher?

MAMÈCHE

Ne demande pas de question. Si je t'en amène une,
moi, de femme, tu la prends?

PANTURLE

Oui, je la prends. Oui.

*Elle réfléchit devant le feu. Il se tait. Le feu
crépite.*

PRÈS D'UNE ÉGLISE

*Dans un coin ensoleillé, il y a Gédémus, le rémouleur,
qui aiguise des couteaux. Il fait froid, il a un vieux
cache-nez et un passe-montagne en grosse laine, qui a
l'air d'un heaume de chevalier. Bzz... Bzz... La meule
tourne. Le garde s'approche. Il a un képi et une
plaque. Il est vieux; il ne marche pas vite, mais il est
de bonne humeur.*

LE GARDE

O Gédémus! O monstre de nature! Tu l'as trouvé,
toi, le bon coin!

GÉDÉMUS

Pourquoi tu m'appelles monstre? Ça te fatigue, de
me voir travailler?

LE GARDE

Parlons-en de ton travail! Bzz... Bzz... Bzz... Vaï,
tu t'en fais pas beaucoup des ampoules!

GÉDÉMUS

Des ampoules, j'en ai peut-être pas aux mains. Mais j'en ai une, là, à cette épaule, que ça semble une épaulette d'officier.

LE GARDE

Tu t'aiguises les couteaux sur l'épaule?

GÉDÉMUS

Non. Mais mon chien est mort.

LE GARDE

Et alors? C'est le gros chagrin qui t'a fait venir cette ampoule?

GÉDÉMUS

C'est pas le chagrin, c'est la bricole. Mon pauvre chien m'aidait à tirer toute la baraque. Maintenant, je suis tout seul. Et dans les montées surtout, c'est terrible... Il faut que je me trouve un autre chien avant de commencer ma grande tournée du printemps... *(Il aiguise un instant.)* Toi, d'être garde champêtre, ça doit pas te donner la méningite...

LE GARDE

Ça te ferait plaisir que j'aie la méningite?

GÉDÉMUS

Non.

LE GARDE

Alors, pourquoi tu veux que je l'aie?

Gédémus sourit agréablement.

LE GARDE

Si tu m'avais vu hier soir, tu aurais compris ce que c'est d'être garde champêtre et de représenter la loi.

GÉDÉMUS

Qu'est-ce que tu as fait hier au soir?

LE GARDE

Au café Oriental, il y avait une grande représentation théâtrale. Pour assurer l'ordre, j'y suis été. On avait mis une affiche sur la vitre du café : « L'illustre Tony, dans son répertoire, avec mademoiselle Irène, des Principaux Théâtres de Paris. » Ils avaient fait une estrade, avec cinq ou six tables... C'était plein à craquer... Et Mlle Irène est montée sur l'estrade. Elle avait de pauvres mains d'éplucheuse de pommes de terre... Elle avait des souliers d'homme... Avant qu'elle parle, ils se sont tous mis à rire... Et alors, elle n'a plus su quoi dire... Et tout d'un coup, l'illustre Tony lui saute dessus et lui donne quatre calottes.

GÉDÉMUS

Par exemple!

LE GARDE

Et tu sais, pas de la conversation; des vraies calottes... Alors, les hommes ont sauté sur le Tony et ils lui ont foutu une trempe! O Sainte Vierge! Si je n'avais pas été là, ils l'auraient peut-être tué.

GÉDÉMUS

C'est bien fait. Ça me fait plaisir. Et alors, tu l'as arrêté?

LE GARDE

Il n'y avait pas de plainte... et puis, tout ça, en somme, s'était passé en famille... Enfin, je les ai calmés. Et comme ils avaient payé pour entendre un concert, j'ai forcé le Tony à chanter... Il a chanté des romances sentimentales... C'était très rigolo et surtout qu'il avait un œil poché... Et pour la fille...

A ce moment, arrive en courant une grosse fille aux joues fraîches. Elle a un tablier de cuisine, les manches retroussées et elle porte un torchon.

LE GARDE

Tiens! la Martine!

MARTINE

Monsieur le garde! Venez vite! Venez vite à l'auberge!

LE GARDE

Et pourquoi?

MARTINE

C'est dégoûtant, ce qui se passe!

GÉDÉMUS

Et qu'est-ce que c'est qui se passe?

MARTINE

Il est venu toute l'équipe des charbonniers... Ceux de Gadarin... Ils sont peut-être une dizaine... Mon Dieu qué malheur!

GÉDÉMUS

Mais où il est, ce malheur?

MARTINE

Attendez, ils ont mangé tous ensemble à l'auberge de Martin Pinchon... et là, il y avait la fille d'hier au soir... Celle qui n'a pas pu chanter...

LE GARDE

Elle est encore là ?

MARTINE

L'homme l'a plus voulue... Il est parti, et elle a couché sous une porte...

GÉDÉMUS

Pauvre peuchère, dites, avec le froid qu'il fait !

MARTINE

Alors, les charbonniers l'ont invitée à manger avec eux...

LE GARDE

C'est des bons garçons.

MARTINE

Et quand ils ont eu fini de manger, ils l'ont menée dans l'écurie de l'auberge.

GÉDÉMUS

Ayayaïe !

MARTINE

Et puis, il y en a un qui s'est enfermé dedans avec elle.

GÉDÉMUS

Ayayaïe !

MARTINE

Et puis quand il est sorti un autre est rentré.

GÉDÉMUS

Ayayaïe!

LE GARDE

Et puis?

MARTINE

Et puis un autre. Et puis un autre. Ils sont quinze.

GÉDÉMUS

Oyayaïe! Ça m'arriverait pas à moi. que quinze femmes m'attaquent dans une écurie!

LE GARDE

Et puis? Les faits de la cause?

MARTINE

Eh bien. au commencement. j'ai cru que ça lui faisait plaisir. Mais maintenant. elle crie.

GÉDÉMUS

Peut-être que ça lui fait de plus en plus plaisir.

MARTINE

Elle crie « Au secours! » comme si on la tuait.

LE GARDE *(placide)*

Et alors?

MARTINE

Alors. il faut pas qu'on la tue.

GÉDÉMUS

Est-ce qu'ils sont fortement armés?

MARTINE

C'est pas des assassins. Mais en tout cas, ils lui font des misères.

LE GARDE *(égrillard)*

Ils lui font un genre de misères qui est bien connu et qui ne fait pas de mal à tout le monde. Est-ce qu'ils lui donnent de l'argent?

MARTINE

Bien sûr que non, la pauvre.

LE GARDE

Donc, je ne puis pas intervenir. Ce n'est pas de la prostitution.

GÉDÉMUS *(noble)*

Alors, vous laissez violenter cette pauvre fille?

LE GARDE

Violenter... Violenter! Va, va! pour tuer une femme il en faut plus que ça. Non, je suis garde champêtre, je ne puis pas intervenir.

GÉDÉMUS *(sarcastique)*

Ce n'est pas suffisamment champêtre. Eh bien, moi j'y vais, et je la délivre.

Il ramasse une poignée de couteaux.

LE GARDE *(inquiet)*

Tu as des intentions d'homicide volontaire?

GÉDÉMUS

J'ai l'intention de sauver une pauvre fille martyrisée par des saligauds.

MARTINE

Et il a raison! Gédémus, tu es un homme!

LE GARDE

Un mauvais coup est vite attrapé.

GÉDÉMUS

Une bonne action est bien vite faite. Tu ne viens pas?

LE GARDE

Non.

GÉDÉMUS

Bon. Alors garde-moi la baraque.

Il s'en va suivi de Martine.

LE GARDE *(se lève, réfléchit et dit)*

Des fois qu'il ferait quelque chose d'illégal.

Et il suit.

DEVANT L'ÉCURIE DE L'AUBERGE

Il y a un ouvrier qui sort en riant, d'un air un peu gêné. Un autre entre.

L'OUVRIER

Quand même, on va un peu fort.

UN AUTRE

Ben quoi... On l'a faite manger...

UN AUTRE

Oui, seulement, elle n'a mangé qu'une portion...
Tandis que maintenant...

UN AUTRE

Oui, parbleu, vous, vous y êtes allés, dans la
grange, et maintenant vous ne voudriez pas que les
autres y aillent. J'y suis pas été, moi. Et je veux y
aller. J'ai mis quatre sous pour son manger. Alors!
Qui c'est qui va me les rembourser?

*Les yeux se tournent vers le coin de la place.
Martine arrive, suivie de Gédémus armé de couteaux
énormes. Il en a tout le tour de la ceinture et il porte le
plus gros à la main. Il l'aiguise en marchant, avec une
petite pierre noire. Il s'arrête devant la porte de la
grange.*

GÉDÉMUS

C'est là?

MARTINE

Oui, c'est là.

GÉDÉMUS

Vous n'avez pas honte, vous autres? C'est vous les
charbonniers français? *(Se tournant vers le groupe
des charbonniers.)* Charbonniers français? Il faut que
vous ayez de bien sales gueules pour ne pas trouver

de femmes, et pour faire violence à une pauvre fille!

UN OUVRIER

Qui est-ce qui te parle?

GÉDÉMUS

Toi, tu me parles. Et je puis te répondre sans te parler.

Il aiguise son couteau furieusement. A ce moment on entend un cri d'appel inarticulé.

MARTINE

Ecoutez! Elle crie au secours!

Le rémouleur ouvre la porte, il crie.

GÉDÉMUS

Eh, saligaud, sors un peu que je te saigne comme le cochon que tu es!

UNE VOIX D'HOMME

Quoi?

GÉDÉMUS

Sors tout de suite, enfant de garce, charbonnier, faux nègre! Tiens, voilà le premier avertissement!

Il lance le couteau, par la pointe. Au fond de la remise dans une poutre on voit le grand couteau qui se plante et qui vibre. On voit dans l'ombre la face du charbonnier stupéfait, qui se lève. Sur la paille près de lui une forme de femme est étendue. On entend la voix de Gédémus qui crie : « Et celui-là, c'est le couteau de l'entrecôte! Prends garde si je lance celui de l'aloyau. »

LE CHARBONNIER *(debout)*

Qu'est-ce que c'est?

LA VOIX DE MARTINE

Sors vite de là, porcas. Sors vite de là, sinon on te coupe la tête avant de te mettre en prison.

Le charbonnier sort en courant. Gédémus, à sa ceinture, a pris un autre couteau, énorme celui-là.

LE CHARBONNIER *(sur le seuil)*

Qu'est-ce qu'il y a?

GÉDÉMUS

Il y a des cochons de charbonniers qui font du mal à une pauvre fille.

Le charbonnier s'enfuit. Martine entre. Gédémus reste sur la porte, le couteau à la main. Martine ressort.

MARTINE

Sortez, ma belle. Il y a quelqu'un pour vous défendre. Un homme, et un vrai.

Mlle Irène sort de l'écurie. Elle est vêtue d'une robe pailletée. Elle pleure. Elle cache sa tête dans ses mains. Elle s'appuie contre le mur.

GÉDÉMUS

Mademoiselle, c'est pour avoir l'honneur de vous saluer, et c'est pour vous dire que les bêtes brutes qui vous ont manqué de respect, ce ne sont pas des gens d'ici... Moi non plus, d'ailleurs... Tenez, voici le garde champêtre. Allez, dites-lui tout.

Mlle Irène ne répond pas.

LE GARDE

D'ailleurs, je ne peux rien leur dire... Et puis, je ne peux pas les arrêter tous...

GÉDÉMUS

D'accord. Mais il y en a un qui est cent fois plus coupable que les autres : c'est celui qui a commencé.

MARTINE

Ça, c'est la vérité.

GÉDÉMUS

Celui-là, il ne faut pas le manquer... Lequel c'est? Où est-il?

MARTINE

Il coupe le bois derrière la maison.

LE GARDE

Moi, je te le dis, je ne peux rien lui faire.

GÉDÉMUS

Eh bien, moi, tu vas voir ce que je vais lui faire. *(Il entraîne la fille.)* Venez avec moi. Venez, victime.

Martine et le garde les suivent.

GÉDÉMUS

Parce que, si la loi ne peut rien y faire, moi je vais y faire...

Ils font le tour de la maison. Au bord d'un sentier, il y a un homme qui fend des bûches. C'est un géant, il manie une hache pareille à celle du bourreau.

MARTINE

Le voilà. C'est lui...

GÉDÉMUS *(perplexe, il mesure l'homme du regard, mais ne s'approche pas)*

Vous êtes bien sûre que c'est lui?

IRÈNE

Oui, c'est lui.

GÉDÉMUS

Il n'y a aucune erreur possible? Selon vous, c'est lui personnellement?

MARTINE

Mais oui, c'est bien lui.

GÉDÉMUS *(menaçant)*

Bien, d'accord.

MARTINE

Qu'est-ce que vous allez lui faire?

GÉDÉMUS

Ce que je vais lui faire? Je le RECONNAÎTRAI... Pour le moment, il faut nous occuper de la demoiselle. Elle a besoin de boire un coup.

Le géant crache dans ses mains et, d'un terrible coup de hache, il fait éclater une bûche.

DANS LE CAFÉ ORIENTAL

Il n'y a personne, sauf une servante et beaucoup de mouches. Gédémus entre le premier. Il tient la porte ouverte pour laisser entrer Arsule.

GÉDÉMUS
Entrez, jeune fille, entrez!

Arsule entre.

GÉDÉMUS *(à la servante)*
Ce qu'il lui faut c'est de l'armagnac pour deux.

LA SERVANTE
Bon.

Elle va au comptoir. Gédémus fait asseoir Arsule sur une banquette de moleskine.

GÉDÉMUS
Mademoiselle, arrêtez-vous de pleurer et laissez-moi vous dire une chose! Je suis Gédémus, le rémouleur.

ARSULE
Oui.

GÉDÉMUS
Bon.

ARSULE

Oui.

GÉDÉMUS

Bon. Je suis rémouleur, et seul au monde. Comme vous, sans doute?

ARSULE

Oui.

GÉDÉMUS

Bon. C'est triste d'être seul.

ARSULE

Oui.

GÉDÉMUS

Voulez-vous venir avec moi? Pour travailler et gagner votre vie?

ARSULE *(avec joie)*

Oh oui. *(Résignée.)* Bien entendu, il faudra que je couche avec vous?

GÉDÉMUS

Naturellement. Ce n'est pas le côté intéressant de la question, mais il faut y penser tout de même.

ARSULE

Oui. Bon.

GÉDÉMUS

Bon.

La servante apporte les verres.

GÉDÉMUS

On est d'accord. Maintenant, puisque tu es d'accord, écoute-moi bien. Tu as des frusques?

ARSULE *(elle montre la robe pailletée)*

Je n'ai que ça. Il est parti avec la malle.

GÉDÉMUS

C'est méchant, mais ce n'est pas bête. Alors, comment faire?

ARSULE

Il faut m'acheter une robe.

GÉDÉMUS

Voilà les femmes! Dépensières. Tu parles d'acheter une robe, comme si pour acheter une robe il ne fallait pas de l'argent!

ARSULE

Vous n'en avez pas, de l'argent?

GÉDÉMUS

J'en ai un petit peu, mais pas pour des robes! Et pourtant, tu sais, ce n'est pas faute de travailler! J'aiguise, j'aiguise toute la journée, depuis des années. Si le premier jour que j'ai commencé – bzz – bzz – bzz – on m'avait donné, pour le frotter contre ma meule, le rail qui va de Paris à Marseille, eh bien, à l'heure qu'il est, il n'en resterait plus qu'un mégot. Et pourtant, je ne suis pas riche. Ce qui prouve que le travail n'a jamais enrichi personne. Mais moi, mon travail me fait vivre et il me plaît.

ARSULE

Et moi, comment puis-je vous aider?

GÉDÉMUS *(évasif)*

Tu verras, tu verras. Seulement, pour ton costume, il faut aviser. Tu ne peux pas m'aider comme ça. Ça fait... ça fait... ça ne fait pas rémouleur.

ARSULE

Oui. Ça ne fait pas rémouleur.

GÉDÉMUS

Je peux te donner une veste – une veste à moi. On lui coupera les manches.

ARSULE

Je les retrousserai.

GÉDÉMUS

Oui. Ça te fera des parements. Ces souliers que tu as, tu ne peux pas marcher avec?

ARSULE

Oh non. Ils sont en carton...

GÉDÉMUS

En carton! Alors, avec ces souliers aux pieds, on ne peut rien faire?

ARSULE

Oh si. On peut dormir.

GÉDÉMUS

J'en ai une paire, à moi, presque neuve. Je te la donnerai. Je ne peux pas m'en servir parce qu'ils sont pareils.

ARSULE

Qui?

GÉDÉMUS

Les souliers. Ecoute : le rémouleur reste toujours debout sur le pied gauche. Et du pied droit, il appuie sur la pédale : bzz... bzz... bzz... Le pied gauche porte tout le poids du corps. Alors, il devient plus grand que l'autre. D'habitude, quand le rémouleur achète des souliers neufs, pendant les premiers jours, il souffre, parce que le pied gauche lui fait mal. Puis, en quatre ou cinq jours, le soulier s'agrandit, et ça va. Eh bien, ceux-là, ils n'ont pas voulu s'agrandir. Je te les donnerai.

ARSULE *(elle regarde le pied de Gédémus)*
Bon.

GÉDÉMUS

Et pour la robe, on va demander à Léonie. Léonie!

Léonie approche.

GÉDÉMUS

Ecoute-moi, Léonie : ce n'est pas le tout, de sauver les gens. Il faut encore les habiller.

LÉONIE
Et comment tu veux que je l'habille?

GÉDÉMUS

En femme naturelle. Tu dois bien connaître quelqu'un, ici, qui soit à peu près de sa taille et qui pourrait lui donner un vieux costume...

54

LÉONIE
On pourrait voir la femme du boucher...

GÉDÉMUS
Non.

LÉONIE
Pourtant tu le connais, toi, le boucher.

GÉDÉMUS
Oui, c'est justement pour ça. Si je lui demande quelque chose, après, il me fera aiguiser toute la boutique sans payer. Non, pas chez le boucher. Il faudrait demander à quelqu'un qui ait une bonne robe de reste, et pas grand-chose à aiguiser.

Ils réfléchissent. Arsule boit.

SUR UN SENTIER DE LA COLLINE

Panturle s'avance. Il porte par les oreilles un grand lièvre mort. Il s'arrête auprès d'un buisson, il en examine les fleurs encore toutes petites. Puis il reprend sa marche, il entre dans le village mort, il ouvre la porte de la Mamèche qui est occupée à retirer des pommes de terre qui dansaient dans l'eau bouillante.

PANTURLE
Bonjour, mère!

MAMÈCHE
Bonjour!

PANTURLE

Il est beau, celui-là... Mais j'ai peur qu'il soit pas bien bon... A cause de la saison.

MAMÈCHE

Tu crois qu'il pensait déjà aux amours?

PANTURLE

Oui. Regarde-le : il perd sa fourrure.

MAMÈCHE

Et toi, les amours, tu y penses, toi?

PANTURLE

J'y penserais peut-être, si c'était possible. Il y a de petites fleurs sur les argéras... Et puis le vent est tombé vers le sud. Je suis tout drôle. Dans la colline, des fois, je ris tout seul.

MAMÈCHE

Et pourtant il n'est pas encore là, le printemps.

PANTURLE

Il n'est pas arrivé, mais il vient. Et la femme que tu avais dit?

MAMÈCHE

J'irai te la chercher, fils.

PANTURLE

Et quand tu iras?

MAMÈCHE

Quand les fleurs seront plus grosses.

PANTURLE

Tu sais où elle est?

MAMÈCHE

Non.

PANTURLE

Quand même, tu la connais?

MAMÈCHE

Non.

PANTURLE

Alors, pourquoi tu promets?

MAMÈCHE

Parce que je te l'amènerai!

PANTURLE

Et où tu la prendras?

MAMÈCHE

Et comment tu prends les lièvres?

PANTURLE

Ça, c'est facile.

MAMÈCHE

C'est facile pour toi... Moi, la femme, je te l'amènerai ici, tu n'as qu'à l'attendre.

PANTURLE

Amène-la vite!

DANS LE COIN D'UNE PLACE

Gédémus et Arsule mangent, assis par terre, près de la baraque du rémouleur.

GÉDÉMUS

Ecoute, Arsule...

ARSULE

Je n'aime pas quand tu m'appelles Arsule.

GÉDÉMUS

Tu veux que je t'appelle « mademoiselle ex-Irène, des principaux théâtres de Paris »?

ARSULE

Non.

GÉDÉMUS

Tu les as vus, toi, les principaux théâtres de Paris?

ARSULE

Non.

GÉDÉMUS

Par conséquent, Irène, c'est un mensonge. Moi, je t'appelle Arsule, parce que, quand j'étais petit, j'ai été amoureux d'une fille. C'était à Forcalquier. Elle s'appelait Arsule. C'est un joli nom. En te le donnant, je te fais un cadeau.

ARSULE

Si tu veux.

GÉDÉMUS

Alors, écoute, Arsule. Dans deux jours, on va partir pour le grand voyage.

ARSULE

Je sais.

GÉDÉMUS

Tu sais où on va?

ARSULE

Non.

GÉDÉMUS

Par conséquent, tu ne sais rien du tout. Toujours cette manie de faire semblant de tout connaître et de tout prévoir. Je vais te le dire, où on va.

ARSULE

Et si ça ne m'intéresse pas?

GÉDÉMUS

Si ça t'intéresse pas, ça va t'intéresser tout de suite. Nous allons passer de hautes montagnes, et il faudra que tu m'aides à traîner la baraque.

ARSULE *(avec un sourire amer)*

Que je t'aide?

GÉDÉMUS

Oui, dans les montées.

Arsule rit.

GÉDÉMUS

De quoi tu ris?

ARSULE

Dans les montées je t'aide. Et quand c'est du plat, tu ne m'aides pas. Je ne sais pas qui c'est qui aide l'autre. Sauf quand on traverse les villages. Là, par exemple, quand il y a du monde pour nous voir passer, alors la bricole, c'est toi qui la prends. Moi, je marche comme une dame et toi, tu tires à rendre l'âme... Mais, dès qu'on a passé les derniers platanes du village...

GÉDÉMUS

Je me demande pourquoi tu es de mauvais poil. Il faudrait pourtant voir les choses comme elles sont. Je t'ai sauvé la vie et l'honneur...

ARSULE

La vie ne risquait pas grand-chose – et l'honneur... il n'en restait pas beaucoup...

GÉDÉMUS

Ce que c'est que l'ingratitude! Le jour où je t'ai sauvée, tu m'as embrassé les mains!

ARSULE

Au fond, je n'ai pas eu tout à fait tort.

GÉDÉMUS

Tu pleurais à force de reconnaissance...

ARSULE

Je croyais que tu m'avais sauvée parce que tu étais généreux... Je ne savais pas que c'était pour remplacer ton chien...

60

GÉDÉMUS

Je ne suis pas un millionnaire... Il faut bien que tu m'aides à gagner notre vie... Et puis, ne dis pas du mal de mon chien. Il était beau, mon chien. Il avait plus de puces que toi mais, quand même, il était beau.

ARSULE

Je sais bien qu'il était plus beau que moi. Et puis il avait quatre pattes... Il tirait plus fort peut-être.

GÉDÉMUS

Ça non, il faut être juste. Il ne traînait pas la baraque aussi bien que toi.

ARSULE

Et puis, il ne la traînait pas tout seul.

GÉDÉMUS

Ça c'est vrai, il fallait le guider.

ARSULE

Et puis, il ne faisait pas la soupe – et il mangeait peut-être plus que moi.

GÉDÉMUS

Oui, pour ça, tu as raison.

ARSULE

Et puis, ton chien... *(Elle s'arrête.)*

GÉDÉMUS

Et puis quoi?

ARSULE

Rien. *(Elle mange.)*

GÉDÉMUS

Arsule!

ARSULE

Quoi?

GÉDÉMUS

Je ne voudrais pas que tu le prennes mal.

ARSULE

Quoi?

GÉDÉMUS

Quand je te parle de mon chien. Tu comprends, c'était mon ami. Alors, je ne voudrais pas que tu le prennes mal.

ARSULE *(amère)*

Je le prends pas mal, au contraire.

GÉDÉMUS

Tu as une vraie tête de cochon. Mais quand même il faut que je t'explique le voyage, à cause des provisions.

ARSULE

Explique.

GÉDÉMUS

Nous partons après-demain, par la route de Banon.

ARSULE

Où c'est ça?

GÉDÉMUS

Par là... vers les montagnes...

ARSULE

J'aimerais mieux aller vers la mer...

GÉDÉMUS

Pourquoi?

ARSULE

Ça monte moins.

GÉDÉMUS

Naturellement. Mais qu'est-ce que tu veux, ça n'est pas ma faute si les montagnes montent. Et puis, d'abord nous restons trois jours à Banon. Un jour pour le boucher, un jour pour les deux hôtels, un jour pour les faucheuses. Après, de Banon, nous passons sous Redortiers et nous allons au Revest du Bion. Là, ça ne sera que deux jours. Et après, nous attaquons le plateau. Ça c'est pénible... La route, ce n'est pas une route. Et il y a du vent. Et cette traversée, ça dure plus de quatre jours.

ARSULE

Il n'y a pas de ferme?

GÉDÉMUS

Il n'y a rien. Un ou deux villages morts et c'est tout.

ARSULE

Pourquoi tu dis morts?

GÉDÉMUS

Parce qu'il n'y reste plus personne.

ARSULE

C'est dommage.

GÉDÉMUS

Pourquoi tu dis ça?

ARSULE

Parce que, s'il n'y a personne pour regarder, ce n'est pas toi qui la traîneras, la baraque...

GÉDÉMUS

Allez, va, ne sois pas comme ça. Surtout que je t'avais fait une surprise... Un cadeau... Tu entends, un cadeau.

ARSULE

Qu'est-ce que c'est?

GÉDÉMUS *(il montre un paquet qui était caché sous un sac)*

Comme les chemins ne sont pas bons là-haut, eh bien, je t'ai acheté des souliers de femme.

ARSULE

Des souliers de femme?

Elle défait le paquet rapidement.

GÉDÉMUS

Oui, des souliers de femme.

ARSULE *(elle a défait le paquet)*

Ça fait deux ans que je n'en ai pas mis! Merci, Gédémus. Tu es brave.

GÉDÉMUS

Je croyais que tu allais me dire : « Quand on a un âne, il faut bien lui acheter des fers. »

ARSULE *(doucement)*

A quoi ça sert que je te le dise, puisque tu l'as dit? Et puis un âne, quand il a de vieux fers qui lui font mal, il est peut-être bien content qu'on lui en mette de nouveaux?... Ils sont beaux, tu sais... Combien ils t'ont coûté?

GÉDÉMUS

Cherche. J'ai laissé l'étiquette.

ARSULE *(elle cherche, elle trouve l'étiquette)*
Neuf francs!

GÉDÉMUS

Quatre-vingt-quinze... Les quatre-vingt-quinze, c'est écrit en petit et dans le coin. Mais ça fait quand même vingt sous de plus!

Arsule met le premier soulier.

SUR LA PLACE DU VILLAGE MORT

Les argéras sont en fleur. Panturle est allongé au soleil, les pieds nus. Il a une fleur dans la bouche.

CHEZ LA MAMÈCHE

Elle met des pommes de terre dans un mouchoir. Elle compte.

MAMÈCHE
Un jour, deux jours, trois jours, peut-être quatre... Ça fait le compte...

Elle enlève le rosaire de la Vierge, elle le met à son cou. Puis elle prend un grand drap dans l'armoire. Elle le pose sur la table. Puis elle prie. Panturle entre.

PANTURLE
Alors, mère, qu'est-ce que tu fais?

MAMÈCHE
Je pars. Je vais te la chercher.

PANTURLE
Où?

MAMÈCHE
Ne demande pas toujours. Laisse-moi faire. J'ai prié comme il faut. Laisse-moi faire.

66

PANTURLE

Et ce drap, tu le laisses là?

MAMÈCHE

Oui. Il me semble qu'il faut.

PANTURLE

A quoi ça sert?

MAMÈCHE

Ça servira. Va dans la vie, il y a plus que « oui » et « non », et les paroles ne disent pas tout.

SUR LA ROUTE

Arsule tire la bricole. Gédémus la suit.

GÉDÉMUS

Tu es pas trop fatiguée?

ARSULE

Non, ça va.

Gédémus regarde à l'horizon. On voit le clocher d'un village.

GÉDÉMUS

Oui, va, tu es fatiguée, donne-moi la bricole. Nous allons avoir une montée. Tu me pousseras un peu par-derrière?

ARSULE

Oui, je te pousserai.

GÉDÉMUS

Après ce village, ça sera le plateau.

ARSULE

Je sais, j'ai peur.

GÉDÉMUS

Peur de quoi?

ARSULE

J'ai peur parce qu'il n'y a rien.

GÉDÉMUS

Alors, on peut dire que tu as peur de rien.

ARSULE

Nous allons coucher au village?

GÉDÉMUS

Non, ça ferait perdre du temps. Nous coucherons sur le plateau, dans une grangette abandonnée. Il reste une porte.

ARSULE

J'ai peur.

GÉDÉMUS

Si tu me le dis quatre fois, tu vas me faire peur à moi; ça n'arrangera pas les affaires! Allez hue!

La baraque grince à chaque tour.

GÉDÉMUS

Tiens! Nous avons une alouette dans le moyeu. Ça tient compagnie.

LE VILLAGE AU CRÉPUSCULE

Sur le parapet, la Mamèche danse, une torche à la main. Elle chante une sorte de chanson barbare.

CHEZ PANTURLE

Il est couché par terre sur de la paille. Il allume une sorte de lanterne. Il sort. On le suit dans le village. Il s'arrête sous le mur où chante la Mamèche.

PANTURLE

Oh Mamèche.

MAMÈCHE

Quoi?

PANTURLE

Qu'est-ce que tu as?

MAMÈCHE

Rien.

PANTURLE

Tu es malade?

MAMÈCHE

Non!

PANTURLE

Alors!

MAMÈCHE
Ça vient. Ça vient; va dormir, fils, elle vient.

PANTURLE
Elle est folle.

Il rentre chez lui.

LE LENDEMAIN MATIN,
SUR LE PLATEAU

Gédémus et Arsule, qui tire la baraque. Elle s'arrête, essoufflée.

ARSULE
On ne s'est pas trompé?

GÉDÉMUS
Non. Marche, ça va.

ARSULE
Mais ça, là-bas, qu'est-ce que c'est?

GÉDÉMUS
Rien. Un arbre. Un arbre mort.

ARSULE
Tu es sûr?

GÉDÉMUS
Eh oui! marche!... Qu'est-ce que tu crois que ça peut être? C'est un arbre, pas plus. Marche, je te dis.

ARSULE

J'ai peur.

GÉDÉMUS

Et de quoi tu as peur, bestiasse? Moi, si tu me donnes la trouille, je pars en courant et tu me revois plus. Alors, ne me parle plus de ça et marche.

Entre les herbes, assise, la Mamèche qui chantonne, triomphante. Elle se soulève de temps en temps, elle suit Gédémus et Arsule en se baissant. Puis, de temps à autre, elle se lève, elle dresse ses grands bras, elle reste immobile.

ARSULE *(s'arrêtant brusquement)*

Et ça, qu'est-ce que c'est?

GÉDÉMUS

N'aie pas peur, je te dis. Quoi, ça?

ARSULE

Ça là-bas, tout noir, droit dans l'herbe, avec des bras on dirait?

GÉDÉMUS

Ça, c'est encore un arbre. Attends un peu. Je me demande si on ne s'est pas trompé. Il n'y a pas tant d'arbres que ça de ce côté. C'est bien un arbre mort, pourtant. Qu'est-ce que ça pourrait être autrement?

ARSULE

Si c'était un fantôme?

GÉDÉMUS

Ne dis pas ce mot, que tu vas en faire venir.
Pourtant, on est bien dans la direction. Voilà à notre
droite, les sables de Chênevrilles et, à notre gauche,
tu vois le long dos de Lure... Et devant nous, le Pas
de Pille-Chacun. C'est ça. Marche. C'est encore un
arbre. Aussi, tu fais attention à tout!

LE VILLAGE

PANTURLE *(appelle)*

Mamèche! Mamèche! Mamèche!

*Il crie au coin de différentes rues. L'écho lui répond.
Il entre dans l'église. Sur l'autel, il y a un drap plié.*

PANTURLE

Qui aurait dit ça, qu'elle parte aussi, celle-là?

*Il sort. Il descend la rue. Il va jusqu'au bord de la
barre. Il regarde les vallons à ses pieds.*

PANTURLE

Voilà, maintenant, je suis seul.

SUR LE HAUT PLATEAU

Arsule et Gédémus mangent, assis par terre.

ARSULE *(épouvantée)*

Oh! Oh!

72

GÉDÉMUS

Quoi?

ARSULE

Là!

GÉDÉMUS *(énervé)*

Eh bien, quoi, là?

ARSULE

Ça a fait hop! Ça a monté au-dessus de l'herbe un moment, puis hop! Ça s'est baissé.

GÉDÉMUS

Quoi, ça a fait hop! Quoi?

ARSULE

L'arbre.

GÉDÉMUS

L'arbre a fait : hop? Qu'est-ce que ça veut dire, hop? Tu en as vu, toi, des arbres qui font hop? Tu n'es pas un peu malade?

ARSULE

Oui, l'arbre. Ce qu'on voit depuis ce matin. Cette chose noire, avec une branche de ce côté, et la fois d'après la branche est de l'autre côté! Cette chose que je t'ai dit trois ou quatre fois : « Qu'est-ce que c'est? » Et que tu m'as dit : « C'est un arbre, marche! » Eh bien, c'est encore là. Ça a fait : hop!

GÉDÉMUS

C'est dans ton œil, bestiasse. Si c'est un arbre qui saute, je l'achète pour le faire voir à la foire.

ARSULE

C'est peut-être pas un arbre.

GÉDÉMUS

Et qu'est-ce que tu veux que ce soit, ici dessus?

ARSULE

Je sais pas, moi, mais ça a fait hop! C'est pas dans mon œil. Je l'ai bien vu.

GÉDÉMUS *(énervé)*

Ah, ne commence pas avec tes histoires.

Ils continuent à manger. A cent mètres d'eux, la Mamèche est couchée dans l'herbe. Elle se lève, elle fait l'arbre. Puis brusquement, elle se laisse tomber.

ARSULE

Oh!

GÉDÉMUS

Encore?

ARSULE

C'est là... C'est là...

GÉDÉMUS

Attends, je vais voir.

Il se lève. Il fait quelques pas. Il revient en arrière. Sur la baraque, il prend un énorme couteau. Arsule se plaque par terre, épouvantée.

La Mamèche regarde venir Gédémus. Elle se coule dans les herbes, elle descend une petite barre, elle se cache dans un trou.

Gédémus vient jusqu'à l'endroit où la Mamèche était couchée. Il voit les herbes aplaties. Il paraît inquiet. Il regarde autour de lui. Il tousse fortement. Il revient vers Arsule.

GÉDÉMUS

Tu as rêvé. Il n'y a rien. Pourtant si tu te sens mal ici, partons. On finira de manger en route.

Ils ramassent leurs affaires, ils se lèvent. Mamèche les suit de loin en priant. On les voit passer au loin. On se rapproche. Arsule tire, Gédémus pousse d'une main. Ils mangent du fromage tous les deux, tout en marchant.

GÉDÉMUS

Toi, je ne sais pas ce que tu as, mais tu n'es pas comme d'habitude.

ARSULE

Je me sens drôle.

GÉDÉMUS

C'est peut-être le printemps qui te travaille. Tu es comme une chèvre.

ARSULE

C'est pas le printemps. C'est le vent. Il me rentre dans le corsage, il me chatouille de partout! Je suis toute mouillée de vent... Et puis, c'est un drôle de vent... Un vent qui fait l'homme...

Eh bien, écoute, on peut s'arrêter par ici pour passer la nuit. Il y a une grangette pas loin. Viens. Encore un coup et nous arrivons. Tu vois plus rien qui fasse hop?

ARSULE

Non, je ne vois plus rien.

Ils s'en vont, contre le ciel.

DANS LA GRANGETTE

Gédémus cale une grosse pierre contre la porte. Arsule a allumé des bougies. Elle a sorti les provisions. Gédémus se retourne vers elle.

GÉDÉMUS

Ecoute, on a bien marché aujourd'hui. Et puis, ce vent nous a rendus fadas. On va ouvrir une boîte de sardines. Tant pis, on fait la fête, assez de privations. Et puis on va boire un bon coup. Donne la gourde, celle du vin. *(Il en boit un grand coup.)* Bois-en un peu de pur, toi aussi... Et donne-moi la boîte de sardines. *(Elle lui donne la boîte, pendant qu'il l'ouvre elle boit à la gourde. Gédémus trempe son doigt dans l'huile des sardines. Il le lèche.)* C'est des fameuses!

AU-DEHORS

La grange est sous la lune. La Mamèche s'approche, elle essaie de voir entre les pierres disjointes. Puis elle s'assoit et elle mange une de ses pommes de terre.

GÉDÉMUS

Tu veux qu'on ouvre encore une boîte de sardines, Arsule?

ARSULE

On n'en a que deux, et ça fait que le premier jour.

GÉDÉMUS

Ça c'est vrai. *(Ils mangent en silence.)* Dis, Arsule...

ARSULE

Oui.

GÉDÉMUS *(la bouche pleine)*

Tu sais à quoi je pense?

ARSULE

Non.

GÉDÉMUS

C'est-à-dire que tu t'en fous, mais je vais te dire quand même. Je pense que dans la vie, on est tout le temps trop bête. Quand on a de bonnes choses, on est toujours là à les garder pour le lendemain. Pour ce qu'on est sur la terre! Je ne dis pas ça pour les sardines... Là, ça va bien, on les mangera demain... Demain, c'est pas loin, quoique, d'ici là, il y a mille fois le temps de...

ARSULE

De quoi?

GÉDÉMUS

De rien. Je veux dire que, une fois c'est une chose, une fois c'est une autre qui vous tombe dessus et, mon ami, c'est trop tard! Raclé! Si on savait tout! Mais on ne sait rien.

ARSULE

Tu parles, tu parles, parce que tu as peur.

GÉDÉMUS

Moi, non. Quoique si je n'avais pas la tête solide, avec tes hop, j'aurais peur. En tout cas, il y a d'autres bougies dans la caisse, et celle-là est assez longue. On la laissera allumée pour dormir.

DEHORS

On voit la grangette, avec la raie de lumière sous la porte. La Mamèche se lève. Elle marche autour de la grangette. Des pierres roulent sous ses pas.

DANS LA GRANGETTE

Gédémus, qui allait se coucher près d'Arsule, entend rouler une pierre. Il s'arrête, il lève les yeux, anxieux. Il réveille Arsule, qui commençait à s'endormir.

GÉDÉMUS

Arsule!

ARSULE *(qui tressaille)*

Quoi?

GÉDÉMUS

Tu as entendu?

ARSULE *(qui s'assoit)*

Quoi? *(Un silence.)*

On entend un pas sur les pierres. Ils se regardent, effrayés. Gédémus se lève, sans faire de bruit, et va prendre un couteau à la baraque. Puis il se poste près de la porte le couteau levé. On entend marcher au-dehors.

GÉDÉMUS

Tu entends?

ARSULE

Oui.

GÉDÉMUS

Ne bouge pas.

Les bruits, au-dehors, continuent. Ils écoutent, épou-
vantés. La barre de lune s'efface sous la porte. Silence.
Arsule est horrifiée. Gédémus claque des dents. Puis
l'ombre s'éloigne.

ARSULE *(très bas)*

Gédémus, va voir ce que c'est!

GÉDÉMUS

Non. Parce que tu as peur. Tu te ferais trop de
mauvais sang pour moi. Et puis, ce n'est pas une
créature humaine. C'est un fantôme. Qu'est-ce que
tu veux que je fasse, avec un couteau, contre un
fantôme? Si je le coupe en deux, il est capable de se
foutre de moi. Ne bouge pas, ne respire pas. Si je ne
sors pas, ce n'est pas parce que j'ai peur. C'est parce
que j'ai le sens du ridicule.

ARSULE

On n'entend plus rien.

GÉDÉMUS

C'est encore pire... *(Il claque des dents.)* Ayayaïe!
Quel pays!

LE LENDEMAIN MATIN

Sur le haut plateau battu des vents. Arsule et
Gédémus continuent leur voyage. Elle tire la bricole.
Tout à coup, Arsule s'arrête.

ARSULE

Oh!

80

GÉDÉMUS
Quoi?

Il marche en arrière-garde, avec un couteau dans chaque main.

ARSULE
Ça vient encore de faire hop! Là, devant...

GÉDÉMUS
Loin?

ARSULE
Là, devant, en face de nous. Les fantômes, ça ne vient que la nuit... Ça vient pas le matin...

GÉDÉMUS
Fantôme du matin, chagrin... Ecoute, quittons cette direction. Tournons un peu à droite, nous verrons bien...

Ils quittent le sentier, ils s'en vont vers la droite.

AU VILLAGE

Devant la porte de sa maison, Panturle essaie de traire la chèvre. Il lui parle.

PANTURLE
Alors, Caroline, c'est fini, le lait? Et alors, où c'est qu'on va trouver un bouc? Il faudra que j'aille voir Alphonse, celui qu'on dit l'Amoureux. Il doit en

avoir un, de bouc... Tiens, on va écorcher le renard, qu'avec sa peau on va t'acheter un petit.

Il ouvre son couteau, il l'aiguise sur la pierre du seuil.

SUR LE PLATEAU

Arsule traîne la baraque. Gédémus roule une cigarette.

GÉDÉMUS

Je sais où on est... On est près d'Aubignane. Ça va pas mal, Arsule... Après, c'est Vachères. Ça va pas mal...

ARSULE

Qu'est-ce que c'est, Aubignane?

GÉDÉMUS

C'est un petit village, juste sous le rebord du plateau. De ce côté-ci, tu ne peux pas le voir, de loin. Mais, tout d'un coup, le plateau se casse et tu es en plein dans le village... Tiens, donne-moi un peu la bricole, que tu es fatiguée...

ARSULE

Il y a encore des habitants?

GÉDÉMUS

Oui, peut-être...

Il prend la bricole, il tire.

DEVANT LA MAISON DE PANTURLE

Il écorche le renard. La peau est presque tout entière enlevée. Sur le seuil de la porte, il y a une large tache de sang. Soudain, Panturle lève la tête. Il écoute, il décroche le renard. Il fait rentrer Caroline dans la maison. Il referme sa porte à clef.

Arsule et Gédémus débouchent sur la placette.

GÉDÉMUS

J'y suis passé, moi, dans le temps... Il y avait le Jean Mane qui restait sur la place de l'église. Il y avait l'Ozias Bonnet qui tenait une épicerie... Et à la descente à droite, il y avait le Paul Soubeyran... Ça nous ferait pas de mal de voir du monde...

ARSULE

J'aimerais bien qu'il y ait une fontaine pour me laver.

GÉDÉMUS

Il y en a une, toute petite, mais elle est en bas, près de la dernière maison du village, sous un rocher... Viens, descendons...

Ils descendent le long de la rue en pente, qui est pleine d'herbes.

Panturle, dans son grenier, regarde par une lucarne. Il paraît prodigieusement intéressé. On entend la voix de Gédémus.

Gédémus et Arsule abandonnent la baraque dans le sentier, et ils montent le petit escalier qui conduit au terre-plein devant la maison de Panturle. Là, en effet, il y a une petite source qui pleure dans un bassin.

GÉDÉMUS

Tiens, voilà la source... On va faire la pause ici...
Celle-là, elle est moins abandonnée que les autres...
Il ne doit pas y avoir longtemps qu'ils sont partis!
(Il crie.) Il n'y a personne?

Ils déposent leurs paquets sur le sol.

Gédémus regarde un moment la maison de Panturle.
Pendant ce temps, Arsule s'est mise nue jusqu'à la
ceinture. Avec une serviette de grosse toile, elle lave
son visage, son cou et sa poitrine. Panturle la regarde,
la bouche ouverte. Arsule continue sa toilette, puis elle
commence à se rhabiller. A ce moment, Panturle se
lève, sans faire attention au bruit qu'il fait. Il bouscule
un gros chaudron. Il cherche l'échelle pour descen-
dre.

ARSULE *(épouvantée)*

Tu as entendu?

GÉDÉMUS

Qu'est-ce que ça peut être?

ARSULE

J'ai peur!

GÉDÉMUS

Alors, si tu as peur, ne restons pas là... Prends la
baraque... Je te protège! Et je serre la mécanique.

La baraque descend au galop. Gédémus jette des
regards craintifs derrière lui, tout en brandissant un
couteau. Ils disparaissent. La porte s'ouvre. Panturle
sort. Il vient jusqu'à la place où Arsule était assise. Il
regarde sa marque dans l'herbe. Il ramasse quelque

chose avec précaution. C'est un bout de ruban. Il le regarde, il le flaire. Il se prépare à les suivre, puis il se ravise.

PANTURLE

Pas maintenant... Il fait trop jour... Ils sont forcés d'aller aux Plantades, puis au mas de Soubeyran, puis ils vont suivre le ruisseau Gaudissart. Ce soir, je les retrouverai.

LE SOIR, PRÈS DE LA CHUTE
DU RUISSEAU

Le campement est établi sous de gros arbres. La baraque est à l'ancre au milieu du pré. Il y a un petit feu de bois et, à côté, deux couvertures étendues sur l'herbe. Gédémus et Arsule se préparent à se coucher.

GÉDÉMUS *(qui étend sa couverture)*

Maintenant que j'ai bu trois grands coups de vin, j'ai trouvé l'explication du bruit qu'on a entendu ce matin. C'est un rat. Un rat qui a fait tomber une pierre du vieux mur... Cette pierre a sonné sur quelque vieille tôle, ou peut-être quelque outil. Ça a sonné. Toi, ça t'a fait peur, moi, ça m'a intrigué. Et un point c'est tout...

ARSULE

Si tu veux.

GÉDÉMUS

Je veux. Alors bonne nuit.

Il se couche.

ARSULE

Bonne nuit.

DANS LA NUIT

Panturle s'avance, à pas de loup, de l'autre côté du ruisseau. Il regarde intensément dans un arbre dont les branches vont jusque de l'autre côté. Pour franchir le ruisseau, il grimpe. Il s'avance le long de la branche qui penche dangereusement. Soudain elle craque.

ARSULE *(levant la tête)*

Tu as entendu?

GÉDÉMUS *(qui dort)*

Ramelegre meleu!

ARSULE

Dis, Gédémus! *(Elle le secoue.)*

GÉDÉMUS *(il se lève brusquement)*

C'est un rat. Quoi? Qu'est-ce que c'est?

ARSULE

Tu as entendu?

GÉDÉMUS

Ça a encore fait hop? Tu dois être hystérique. Arsule, c'est ta pauvre tronche qui fait hop! Il faudra que je te mène au rebouteux. *(Il bâille, il se rendort en disant :)* Quand même les femmes; on peut dire que leremleu gremeleu.

Un craquement sec déchire la nuit. Arsule bondit. Gédémus se lève sur son séant.

ARSULE

Ça y est, je l'ai vu... il y avait un homme là-haut dans cet arbre... La branche a cassé, il est tombé dans l'eau. Viens vite!

GÉDÉMUS

Viens vite, et pour quoi faire?

ARSULE

Prends la lampe électrique!

GÉDÉMUS

Qu'est-ce qu'il faisait, cet homme dans cet arbre?

AU BORD DU RUISSEAU

Arsule, debout sur la berge, regarde la cascade. Et, tout à coup, elle crie : « Le voilà! le voilà! » On voit passer le corps de Panturle. Il file sous l'eau. Arsule court le long de la berge. Gédémus la suit d'assez mauvais gré.

GÉDÉMUS

S'il est noyé, il est noyé. Qu'est-ce qu'on peut y faire?

Arsule court tout le long du ruisseau. Le grand corps flotte sur l'eau, disparaît et reparaît. Soudain, elle plonge dans les verdures, les bras en avant... Elle crie : « Je le tiens. Vite! Je le tiens! »

Gédémus arrive. Il se met à genoux près d'elle. A eux deux, ils tirent le corps sur la berge, puis ils le traînent dans l'herbe.

ARSULE

Ce qu'il est lourd!

GÉDÉMUS

C'est un paysan... Mais qu'est-ce qu'il allait faire la nuit dans un arbre? Il est peut-être fou.

ARSULE *(elle écoute)*

Son cœur bat...

GÉDÉMUS

C'est une bonne chose... Pour lui. *(Il le secoue, il le pousse.)* Oh! L'homme! Oh noyé! Tu es sauvé! *(L'homme ne bouge pas.)* Il ne se rend pas compte. O-ou, O-ou!

ARSULE

Il va mourir, peut-être.

GÉDÉMUS

Celui-là? Dieu garde. Regarde un peu comme il est fait. Si on lui coupait la tête, il mourrait. Mais, autrement, ça ne risque rien... Ecoute, Arsule... Laissons-le là. Il reviendra tout seul, va...

ARSULE

Tu veux l'abandonner, comme ça?

GÉDÉMUS

Et comment veux-tu que je l'abandonne? Tu le connais, toi?

ARSULE

Non.

GÉDÉMUS

Moi non plus. Tiens, il respire... Allons nous coucher là-bas, et surtout ne faisons pas de bruit. Un paysan qui habite dans les arbres, surtout la nuit, ça ne m'inspire aucune confiance... Allez, viens! Viens, nom de Dieu! Autrement ça va faire hop pour de bon!

Ils s'en vont tous les deux. Panturle, seul au clair de lune, remue faiblement.
Gédémus se roule dans sa couverture, il prend son grand couteau, et pose sa tête sur l'oreiller.

GÉDÉMUS

Couche-toi, fainéante. Et surtout ne fais pas de bruit. Si jamais tu entends qu'il vient par ici, ne me parle pas : tire-moi l'oreille de toutes tes forces. Et couvre le feu pour qu'il ne nous voie pas.

Arsule couvre le feu. Gédémus s'endort.

GÉDÉMUS

Ah, il y en a eu des hop, dans ce voyage. Je t'en foutrai, moi, des hop. Ça ne semble pas possible. Ça a fait hop...

Il s'endort.

DANS LA PRAIRIE

Panturle couché dans l'herbe remue encore. Il se tourne. Il remue un bras, puis une jambe. Au clair de lune, dans le pré, Arsule s'avance vers Panturle, elle s'agenouille près de lui. Puis elle lui parle très doucement.

ARSULE

Ça va mieux?

Panturle remue, entrouvre les yeux.

PANTURLE

Qui c'est qui me parle?

ARSULE

Ça va mieux?

PANTURLE

Oui... Qu'est-ce que j'ai fait?

ARSULE

Vous êtes tombé avec le ruisseau. J'ai eu bien peur... Et j'ai pas pu dormir. Je suis venue, comme ça, voir un peu ce que vous faisiez. Juste vous étiez en train de vous tourner. Alors, j'ai dit : « Ça va mieux? » Ça m'a enlevé un poids sur la poitrine.

PANTURLE *(il la regarde avec admiration)*

Vous êtes bien brave. Mais qui c'est qui m'a tiré sur l'herbe?

90

ARSULE

C'est moi aussi. Avec Gédémus, le rémouleur, on était là dans le pré, on allait se coucher... J'ai entendu craquer la branche, et nous sommes venus en courant... C'est juste au moment que vous avez fait le saut qu'on vous a bien vu, tout allongé dans l'eau qui tombait!... Et puis, vous avez filé tout raide sous l'eau comme un gros poisson, et l'élan vous a mis au bord, et on vous a tiré sur l'herbe, lui et moi.

PANTURLE

Ça a dû vous donner de la peine?

ARSULE

Oui, bien sûr, parce que vous êtes lourd. On vous a tiré par les bras.

PANTURLE

Merci. Vous êtes bien brave... Merci... *(Il s'assoit et respire profondément.)* Ah, ça va mieux... Ça va mieux comme ça.

ARSULE

Et qu'est-ce que vous faisiez dans cet arbre?

PANTURLE

Je voulais voir, savoir qui vous étiez...

ARSULE

Alors, vous êtes de par là, ou alors, vous venez de loin? ou d'ailleurs, comme nous?

PANTURLE

Je suis du pays.

ARSULE

De celui où on est?

PANTURLE

Pas tout à fait. Je suis de là-haut, sur la colline.

ARSULE

D'Aubignane? On dirait pas. Il n'y a plus personne.

PANTURLE

Oh que si! Il y a moi. Ce matin, vous étiez devant ma maison...

ARSULE

Celle de la source?

PANTURLE

Oui, celle de la source.

ARSULE

On a tapé à votre porte. Et vous, où vous étiez?

PANTURLE

J'étais dedans.

ARSULE

Et pourquoi vous n'avez pas répondu? C'est pas brave, ça. Pourquoi?

PANTURLE

Parce que...

ARSULE

Alors, vous êtes comme ça, vous? Et si on avait eu besoin?

PANTURLE

Ça c'est vrai... Mais quand on est seul, qu'est-ce que vous voulez, on devient sauvage. J'étais pas comme ça, avant... Ça doit être depuis que je suis seul... Autrement ce n'est pas de mon naturel... Je suis serviciable plus qu'un autre... Seulement, n'est-ce pas, je suis seul.

ARSULE

Quand même de ne pas répondre! Voyez, c'est nous qui vous avons tiré de la chute... Sans nous?... Et vous, vous êtes resté tout fermé, dans les murs, à pas bouger, à nous écouter sans rien dire...

PANTURLE

A vous écouter et à vous regarder. Vous étiez nue jusqu'à la ceinture... Pendant un moment, j'ai eu honte, après j'ai voulu descendre... Mais j'ai fait tomber un chaudron... vous avez eu peur, vous êtes partis au galop.

ARSULE

Gédémus disait que c'était un rat.

PANTURLE

Non, c'était moi, avec mon coude. De vous voir, je ne savais pas où j'étais... *(Il frissonne.)*

ARSULE

Vous avez froid?

PANTURLE

Non, mais c'est cette étoffe mouillée qui me tire toute ma chaleur... Je vais enlever ma veste. Ça sera mieux... *(Il enlève son veston, il n'a pas de chemise.)* Pour le pantalon, il est presque sec, parce que moi, de la chaleur, j'en fais.

ARSULE

Pourtant, il ne fait pas chaud.

PANTURLE

Tenez, touchez-la. *(Il prend la main d'Arsule, il la pose sur sa poitrine velue. Elle est toute émue. Elle retire sa main doucement.)*

ARSULE

Oui, c'est vrai... C'est chaud... Et qu'est-ce que vous faites, là-haut, tout seul?

PANTURLE

Je vis. Voilà. Je vis.

ARSULE

Vous ne voyez jamais personne?

PANTURLE

Si. Quelquefois. Les gendarmes. Mais alors, je ne m'approche pas. Je me cache. Parce que je suis braconnier, forcément.

ARSULE

Qui est-ce qui vous force?

PANTURLE

La faim. Qu'est-ce que vous voulez que je mange.

là-haut? Alors je prends des bêtes au piège. Celles qu'on peut manger, je les mange. Mais les renards, les putois, les fouines, je leur prends la peau... et je la porte aux voisins. Alors ils me donnent des pommes de terre. Ça me fait plaisir...

ARSULE

Vous n'avez même pas de chemise.

PANTURLE

Quand on n'a pas de femme, on n'a pas de chemise. C'est mieux de ne pas en avoir que d'avoir du linge sale, n'est-ce pas?

ARSULE

Et vous êtes comme ça, dans ce grand village mort, tout seul, tout seul?

PANTURLE

Pas tout à fait seul. Il y a Caroline.

ARSULE

Alors, vous avez une femme?

PANTURLE

Non. C'est une chèvre. Elle est brave. Elle me comprend. Quand j'ai envie de parler, je lui parle. Seulement, elle ne peut pas me laver ma chemise. Et puis il y a les moineaux. Ils me connaissent. Quand je passe près d'eux, ils ne s'envolent pas. Ce matin, du haut d'un toit, il y en a deux qui me sont tombés dessus. Ils ne savent pas ce qu'ils font, parce que c'est la saison des amours.

ARSULE

Oui. C'est la saison... des amours. Mais pourquoi vous restez tout seul, là-haut, au lieu de descendre chez les hommes?

PANTURLE

Je ne sais pas. Je préfère rester là-haut.

ARSULE

Pour faire quoi?

PANTURLE

Je ne sais pas. Ma mère est enterrée là-haut, vous comprenez?

ARSULE

Oui. Ça veut dire quelque chose.

PANTURLE

Bien entendu, ce n'est pas naturel qu'un fils reste toute sa vie près de la tombe de sa mère. Surtout que je ne suis plus jeune. J'ai passé quarante ans. Et si je reste, ce n'est pas que pour ça. C'est aussi pour des idées.

ARSULE

Quelles idées?

PANTURLE

Parce que je suis le dernier, n'est-ce pas. Tant que je serai là-haut, c'est un village. Je fais du bruit, quand je passe dans les rues. Même, des fois, je chante... Tenez, l'année dernière, j'ai volé quelques poignées d'orge à mon voisin. Je les ai semées dans les rues, pour que les moineaux ne s'en aillent pas...

Si je partais, ça ne serait plus un village... Ça serait des pierres mortes...

ARSULE

Quand même, que ce village meure, vous ne pouvez pas l'empêcher.

PANTURLE

Je sais. Tout seul, je ne peux pas. Il y avait une vieille, là-haut, qui est partie la semaine dernière. Elle me disait : « Il faudrait une femme. » Et c'est vrai. Si j'avais une femme, là-haut, et qu'il y ait des petits, il n'y aurait plus d'herbe dans les rues...

ARSULE

Vous savez, dans vos rues, il y a beaucoup d'herbe.

PANTURLE

Oui, mais s'il y avait des enfants, il me semble qu'elle s'arrêterait de pousser. Je dis des bêtises, n'est-ce pas ?

ARSULE

Oh non, ce n'est pas des bêtises.

PANTURLE

Et vous, vous n'êtes pas d'ici ?

ARSULE

Non.

PANTURLE

Vous êtes de la ville ?

ARSULE

Oui.

PANTURLE

Alors, la solitude, vous ne savez pas ce que c'est?

ARSULE

Oh si, je sais. Mieux que vous.

PANTURLE

C'est bête, ce que vous dites.

ARSULE

Non, ce n'est pas bête, puisque c'est vrai.

PANTURLE

Allons, allons, puisque vous êtes de la ville! Il y avait du monde autour de vous!

ARSULE

Des fois, on peut être entouré de beaucoup de gens et, quand même, on est plus seul que jamais.

PANTURLE

C'est vrai, ça. Vous devez avoir de l'instruction.

ARSULE.

Non. Pas beaucoup. Oh, je sais lire et écrire. Mais j'ai quitté l'école à quinze ans.

PANTURLE

Tant que ça?

ARSULE

Pourquoi vous dites : tant que ça?

PANTURLE

Moi, je l'ai quittée à onze ans.

ARSULE

J'ai passé mon certificat d'études, dans une ville.
Et puis j'ai suivi les cours complémentaires...

PANTURLE

Qu'est-ce que c'est, complémentaire?

ARSULE

C'est après le certificat d'études.

PANTURLE

Moi, j'ai jamais pu le passer. Comme le ruisseau.
Et après, qu'est-ce que vous avez fait?

ARSULE

Mes parents sont morts. J'ai gagné ma vie. J'ai été
couturière. Puis, enfin quoi, j'ai travaillé, j'ai trimé,
et me voilà avec Gédémus. Il est très bon.

PANTURLE

C'est votre mari.

ARSULE

Non. Mais c'est tout comme.

PANTURLE

Vous l'aimez beaucoup?

ARSULE

C'est un bon ami. Il m'aime autant que si j'étais un âne. C'est moi qui traîne la baraque.

PANTURLE

Je sais. J'ai vu.

ARSULE

Et moi, je l'aime autant qu'un âne peut aimer son maître.

PANTURLE

Vous ne l'aimez pas beaucoup?

ARSULE

Il y a des ânes affectueux.

PANTURLE

Lesquels?

ARSULE

Les ânesses.

PANTURLE

Alors, vous ne le quitteriez pas?

ARSULE

Pour aller où?

PANTURLE

Là-haut.

ARSULE

Vous dites ça pour rire.

PANTURLE

Ah oui. Je le dis pour rire. Parce que ça ne serait pas pour pleurer! Si vous vouliez, vous!

ARSULE

Si je voulais quoi?

PANTURLE

Monter. Il me semble qu'il ne pleuvrait plus dans ma maison.

ARSULE

Vous croyez que je sais arranger les toits?

PANTURLE

Non. Mais moi, je sais.

ARSULE

Alors, pourquoi vous ne le faites pas?

PANTURLE

Parce que vous n'êtes pas là-haut. Un homme seul, la pluie peut lui tomber sur la tête. Au contraire. Ça tient compagnie.

Il a parlé un peu fort sur la dernière réplique.

ARSULE

Chut! Ne criez pas si fort!

Elle se rapproche de lui.

Vous allez le réveiller. Quoiqu'il ait un sommeil épais comme une porte! Mais ce n'est pas la peine de parler si fort...

PANTURLE

Qu'est-ce que c'est, votre nom?

ARSULE

Il m'appelle Arsule.

PANTURLE

Arsule, c'est très bien. Moi, on me dit Panturle.

ARSULE

Panturle. Qu'est-ce que ça veut dire?

PANTURLE

Ça veut dire moi.

Dans la colline, sous un pin, la Mamèche s'avance, haletante. Elle est pâle, elle est faible.
Elle s'assoit. Elle se couche. Elle meurt.

DANS LA PRAIRIE

Le jour se lève, Arsule dort, par terre, les bras écartés. Panturle, debout, remet sa veste. Puis il s'approche d'elle.

PANTURLE

Arsule! Arsule! Tu viens?

ARSULE *(les yeux fermés)*

Oui.

PANTURLE

Alors, lève-toi!

De la tête sans ouvrir les yeux, Arsule dit non.

PANTURLE

Alors, tu ne veux pas venir?

Arsule de la tête dit oui.

Et tu ne veux pas te lever?

Arsule dit non. Panturle demeure perplexe, puis il sourit d'un grand sourire. Il s'agenouille auprès d'elle et, gentiment, il dit.

PANTURLE

Tu veux que je te porte?

Elle sourit. Il la prend dans ses bras et il s'en va sur le sentier. Sans ouvrir les yeux, Arsule parle.

ARSULE

Où est-ce que nous allons?

PANTURLE

A la maison.

Il s'en va, sous les arbres, rapide et léger. Elle a mis ses bras autour du gros cou.

DANS LA PRAIRIE

Gédémus dort. Il parle dans son sommeil, et il bouge. Puis il s'éveille, se frotte les yeux, s'assied. Il regarde la place d'Arsule. Il est d'abord étonné, puis il sourit. A haute voix, mais sans crier, il dit :

Arsule, quand tu auras fini de faire pipi, nous partirons.

Il se lève, il plie sa couverture, tout joyeux. Soudain, une pensée le frappe.

Et le noyé?

Il regarde autour de lui, il va vers l'endroit où était Panturle. Il regarde dans les herbes. Il voit l'herbe foulée de la nuit. Il est perplexe.

Arsule! Le noyé a foutu le camp? Tant mieux. Ça prouve qu'il n'était pas si noyé que ça.

Il revient au camp. Il est vaguement inquiet. Il appelle.

Arsule! Arsule! Arsule!

Pas de réponse, il est plus inquiet que tout à l'heure. Il murmure.

Par exemple! Ça alors, ça serait fort!

DEVANT LA MAISON DE PANTURLE

Panturle arrive avec Arsule dans ses bras. Il s'arrête devant la porte. Il la pose sur la pierre du seuil.

PANTURLE

Arsule! On est arrivé!

ARSULE

Où?

PANTURLE

A la maison... Ouvre les yeux.

Elle ouvre les yeux, elle se lève, elle sourit. Mais tout à coup, elle voit par terre une large tache de sang. Elle tressaille.

ARSULE

Du sang!

PANTURLE

Oui, j'ai écorché un renard, ce matin.

ARSULE

Ah bon! Tout de même, il faudra nettoyer ça.

PANTURLE

Bon.

ARSULE

Et la clef?

PANTURLE

Elle est sur la porte.

ARSULE

Il ne faudra plus la laisser sur la porte.

PANTURLE

Tu en feras ce que tu voudras. La clef, maintenant, elle est à toi.

Ils entrent.

DANS LA COLLINE

Gédémus, son couteau à la main, remonte vers le village. Il regarde autour de lui, il cherche des traces du passage d'Arsule et de Panturle. Il ne trouve rien.

Il arrive au village, devant la maison de Panturle. A ce moment, il marche à pas de loup. Il examine un moment la façade. Puis il crie : « Arsule! » Pas de réponse.

DANS LA MAISON

Devant le foyer. Arsule a étendu le veston de Panturle sur le dossier d'une chaise. Il est accroupi près du feu. Elle est assise au bord de la cheminée, en face de lui.

PANTURLE

Il t'appelle.

ARSULE

J'entends.

PANTURLE

Tu veux y aller?

ARSULE

Non. Tu voudrais que j'y aille?

PANTURLE

Oh! non! Ça non... Tu ne regretteras pas?

106

Quoi? La bricole?

Gédémus ramasse une pierre et la lance dans la porte qui résonne. Il bondit en arrière. Puis, devant le silence, peu à peu, il se rassure. Il se rapproche à pas de loup pour écouter à la porte. Il arrive près du seuil, il voit soudain la tache de sang. Il demeure horrifié. Il murmure : « Du sang! » Et brusquement, il détale avec ses grandes jambes et disparaît sous la forêt.

SUR UNE PETITE ROUTE DE COLLINE

Gédémus traîne sa baraque brinquebalante. Soudain, il s'arrête, se retourne, regarde là-haut le village en abritant ses yeux de sa main en visière. Il parle tout seul.

GÉDÉMUS
Elle avait pas tort de dire que ça faisait hop... Est-ce que c'est elle qui a fait hop avec ce gros noyé, ou bien est-ce que le noyé lui a fait hop par force? Elle aurait crié... Et puis, qu'est-ce que je peux faire, moi, tout seul, tout seul contre... contre personne?...

Il reprend les brancards, et il repart sur la route en regardant derrière lui.

Il faut... Il faut avertir les gendarmes.

Il file le plus vite qu'il peut.

DANS UNE RUE DE SAULT

Gédémus arrive courant de toute sa vitesse, en traînant la baraque. Il regarde de chaque côté de la rue et l'on voit qu'il cherche quelque chose. Soudain, sur une maison, on voit en grandes lettres : « GENDARMERIE NATIONALE ». Gédémus lâche la baraque, court et entre.

Le brigadier est assis à son bureau. Il écrit. Un gendarme, le pied sur un fauteuil, graisse ses bottes avec une couenne de lard. On frappe à la porte très fort.

LE BRIGADIER

Qu'est-ce que c'est?

Gédémus entre brusquement, hors d'haleine, et il dit.

GÉDÉMUS

C'est moi.

LE BRIGADIER

Qui, vous?

GÉDÉMUS

C'est un crime. C'est un assassinat.

LE BRIGADIER *(calme)*

Bien. *(Au gendarme.)* C'est un fou, fermez la porte.

GÉDÉMUS

C'est pas un fou. C'est un noyé. Enfin, un faux noyé à qui j'avais sauvé la vie.

LE BRIGADIER *(ravi)*

Encore mieux. Continuez.

GÉDÉMUS

J'avais quitté Manosque avec elle, n'est-ce pas. Elle me traînait la baraque. Et, comme chaque année, au printemps, je suis parti pour ma grande tournée. Nous avons attaqué le plateau, et là...

LE BRIGADIER *(l'index tendu, il montre un grand couteau dans la ceinture de Gédémus)*

Port d'arme prohibée.

GÉDÉMUS

Quoi?

LE BRIGADIER

Gendarme, prenez cette arme et posez vos quatre doigts serrés ensemble, la paume en dessous, sur cette lame. *(Le gendarme exécute l'ordre. Gédémus paraît inquiet. La lame dépasse largement les quatre doigts. Le brigadier ricane.)* Si vous êtes fou, vous avez de la chance... Mais si vous n'êtes pas fou... *(Au gendarme.)* Il n'est peut-être pas fou, qui sait?

LE GENDARME

Oui, qui sait? Il n'est peut-être qu'imbécile?

GÉDÉMUS

Quoi?

LE BRIGADIER

Imbécile ou fou, son affaire est claire. Claire et pure comme de l'eau de roche, et j'ai le pressentiment qu'elle ne peut que s'aggraver. Laissons-le parler. Alors?

GÉDÉMUS

Alors, quoi?

LE BRIGADIER

Ce crime? Vous avez bien parlé d'un crime?

GÉDÉMUS

Ah oui, oui... C'est toute une histoire, et que...

LE BRIGADIER *(catégorique)*

Est-ce une histoire, ou est-ce un crime?

GÉDÉMUS

Le crime fait partie de l'histoire. Figurez-vous que je m'appelle Gédémus. Urbain Gédémus.

LE BRIGADIER *(sceptique)*

Vous vous appelez Gédémus? *(Au gendarme.)* Ce n'est pas prouvé!

GÉDÉMUS

Et pourquoi je ne m'appellerais pas Gédémus?

LE BRIGADIER

Oui, pourquoi ne vous appelleriez-vous pas Gédémus? Mais d'autre part, pourquoi ne vous appelleriez-vous pas Posthumus, ou Darius ou Rasibus? Je pense que vous avez parfaitement saisi le sens de ma question.

GÉDÉMUS

Je n'ai rien saisi du tout, seulement j'ai mes papiers. Les voilà.

Le brigadier prend les papiers que lui tend Gédémus et les examine.

LE BRIGADIER

Bien. Il faut se méfier des gens qui n'ont pas de papiers. Mais il faut peut-être se méfier bien davantage des gens qui ont trop de papiers. Voyons.

Il étale sur le bureau tous les papiers de Gédémus et il expertise.

GÉDÉMUS

Je suis rémouleur, couteaux, ciseaux, rasoirs. Oui.

LE BRIGADIER

Urbain Gédémus. Soit. Si l'on veut. Et il se prétend rémouleur. Soit. Si l'on veut. La suite, s'il vous plaît.

GÉDÉMUS

Donc, je suis rémouleur. C'est-à-dire que je me promène sur les routes, avec mon atelier à roulettes, à la recherche des couteaux émoussés, des hachoirs qui ne peuvent plus hacher, des rabots ébréchés, etc., etc.

LE BRIGADIER *(soupçonneux)*

Voilà une histoire qui me paraît bien compliquée. Mais soit. Passons. Ensuite?

GÉDÉMUS

Donc chaque année. au printemps. je prends ma baraque...

LE BRIGADIER

Quelle baraque?

GÉDÉMUS

Ma petite voiture. avec la meule. vous savez? La meule à pédale?

LE BRIGADIER

Je sais. Pour la clarté du récit. je vous autorise à l'appeler baraque. Continuez.

GÉDÉMUS

Donc. chaque année. je prends ma baraque et je quitte la région de Manosque. où en général je passe l'hiver. et je me mets en route pour aller jusqu'à Forcalquier.

LE BRIGADIER

Une seconde. Pourquoi passez-vous l'hiver dans la région de Manosque?

GÉDÉMUS

Pour aiguiser les couteaux. ciseaux. rasoirs.

LE BRIGADIER

Bien. Et pourquoi venez-vous au printemps dans la région de Forcalquier?

GÉDÉMUS

Pour aiguiser les couteaux. ciseaux. rasoirs.

LE BRIGADIER *(au gendarme)*

Donc, il prétend que dans la région de Manosque, on n'aiguise les couteaux, ciseaux, rasoirs qu'en hiver, à l'exclusion de toute autre saison. Et que dans la région de Forcalquier, la saison des couteaux, des ciseaux, rasoirs, c'est le printemps. *(Rêveur.)* Est-ce croyable? Est-ce imaginable? Est-ce même possible? Continuez.

GÉDÉMUS *(inquiet)*

Hum! Donc, je suis parti de Manosque il y a quatre jours. A pied, avec ma baraque. J'étais naturellement avec ma femme.

LE BRIGADIER

Pourquoi naturellement?

GÉDÉMUS

Pour traîner la baraque.

LE BRIGADIER

Bien. Cette femme était donc votre femme légitime?

GÉDÉMUS

Pour ainsi dire.

LE BRIGADIER

Pour ainsi dire que vous ne l'avez jamais épousée?

GÉDÉMUS

Pas une seule fois.

LE BRIGADIER

Bien. C'était donc une concubine.

GÉDÉMUS

Oh, pas du tout. C'était une femme intelligente, d'un caractère difficile, et qui me disait des plaisanteries que je ne comprenais pas, rien que pour se faire plaisir à elle.

LE BRIGADIER

Bien. Il a parlé d'un crime. Voici donc la femme, la femme indispensable. Ensuite?

GÉDÉMUS

Hum. Donc, nous avons traversé, en cinq jours, le plateau de Lure. C'est un endroit désert, c'est-à-dire qu'il n'y a personne. Et c'est grand!... C'est incroyable, ce que c'est grand. Alors, elle a commencé à avoir peur.

LE BRIGADIER *(ravi)*

Bon. La femme a eu peur de vous.

GÉDÉMUS

Pas du tout! Elle n'avait pas peur de moi! Elle voyait des ombres dans le lointain. Et elle me disait :
« Ça a fait hop! »

LE BRIGADIER

Ça a fait hop?

GÉDÉMUS

Oui. Ça a fait hop.

114

LE BRIGADIER

Quel genre de hop?

GÉDÉMUS

Hop. Et elle faisait comme ça.

Il refait le geste que faisait Arsule quand elle disait :
« Ça a fait hop! »

LE BRIGADIER

En somme, selon vous, hallucinations?

GÉDÉMUS

Exactement. Hallucinations. Enfin, à force d'être
hallucinée, elle a fini par me faire peur, et la peur
m'a forcé de changer de chemin. Au lieu de traverser
comme d'habitude, j'ai fait un petit détour par le
village d'Aubignane. Le village abandonné.

LE BRIGADIER

Je connais.

LE GENDARME

Nous connaissons.

LE BRIGADIER

Et ça a encore fait hop?

GÉDÉMUS

Pas du tout. Nous nous sommes arrêtés devant
une maison qui n'est pas tout à fait en ruine. J'ai
appelé. Pas de réponse. Nous nous sommes assis sur
l'herbe, pour manger. Et tout à coup, dans cette
maison, un bruit infernal.

LE BRIGADIER

Donc, maison hantée, évidemment?

GÉDÉMUS

Non, maison habitée sans doute, et par quelqu'un qui avait de bonnes raisons de se cacher. Alors, nous sommes partis en courant. Et le soir, nous avons campé à côté du ruisseau Gaudissart. Près de la chute.

LE BRIGADIER *(malin)*

En nomades?

GÉDÉMUS

Oui, en nomades.

LE BRIGADIER *(triomphant)*

Et sans autorisation. Mais ça ne fait rien. Continuez.

GÉDÉMUS

Et tout à coup, dans la nuit, un craquement. Un homme, monté dans un arbre, tombe dans la chute du ruisseau.

LE BRIGADIER *(soudainement intéressé)*

Continuez! Continuez!

GÉDÉMUS

Je me précipite. Cet homme, je le sauve. Je le tire sur l'herbe où il s'endort.

LE BRIGADIER *(brusquement)*

Vous le connaissiez?

GÉDÉMUS
Non.

LE BRIGADIER
Donc, vous ne l'avez pas reconnu?

GÉDÉMUS
Non. Je le sauve, je le couche, je m'endors. Le lendemain, quand je m'éveille, le noyé avait disparu et Arsule aussi.

LE BRIGADIER
Qui ça, Arsule?

GÉDÉMUS
Ma femme. Je l'appelle Arsule. Elle avait disparu en même temps que le noyé. *(Tristement.)* Il avait certainement retrouvé sa respiration.

LE BRIGADIER
Bien. La concubine avait disparu sans laisser de traces?

GÉDÉMUS
Hélas... J'ai trouvé les traces d'Arsule et du noyé. Elles m'ont conduit au village d'Aubignane... Et sur la porte de la maison où j'avais entendu du bruit, il y avait une large flaque... de sang.

LE BRIGADIER
Du sang?

GÉDÉMUS
De sang. Il lui a fait hop. Voilà.

LE BRIGADIER

Ha ha! C'est tout?

GÉDÉMUS

C'est tout... Et pourquoi lui a-t-il fait ça? Parce qu'elle ne voulait pas? Pourtant, vous savez, c'était une femme qu'il n'y avait qu'à le lui demander poliment... Alors pourquoi? Qu'est-ce que vous en pensez?

LE BRIGADIER

Ce que j'en pense, vous ne tarderez guère à le savoir, et mon opinion vous intéressera beaucoup.

GÉDÉMUS

Certainement, mais moi je n'ai plus rien d'autre à vous dire.

LE BRIGADIER

Vous n'avez plus rien d'autre à nous dire – et d'ailleurs, pour élucider le mystère, ce que nous avons entendu nous suffit. Qu'auriez-vous à nous dire de plus?

GÉDÉMUS

Rien.

LE BRIGADIER

Rien. Il ne nous dira rien de plus. Mais moi, il faut que je lui raconte quelque chose.

GÉDÉMUS

Et quoi donc?

LE BRIGADIER

Une histoire.

GÉDÉMUS

Une histoire marseillaise?

LE BRIGADIER *(il se lève)*

Non, tragique.

GÉDÉMUS

Vous savez, j'aimerais mieux une histoire drôle, après les émotions que je viens d'avoir!

LE BRIGADIER

Oui, oui, certainement, vous avez eu de fortes émotions. Cependant, écoutez : Dans une petite ville du Midi de la France vivait un aiguiseur d'instruments tranchants.

GÉDÉMUS

Un rémouleur?

LE BRIGADIER

Un rémouleur. Il gagnait sa vie honorablement, en aiguisant et rémoulant, lorsque arriva la catastrophe. Cet aiguiseur aima, car tout ce qui respire est condamné par avance à l'amour. Il aima donc une assez jeune femme, une femme belle, avenante et ornée de seins émouvants.

GÉDÉMUS

C'est joli, ce que vous dites. Ce n'est pas tragique.

LE BRIGADIER

Pas encore. Or, l'aiguiseur était sympathique, mais d'une beauté vaguement chevaline.

GÉDÉMUS

Chevaline?

LE BRIGADIER

C'est-à-dire qu'il ressemblait en quelque sorte à un cheval.

GÉDÉMUS

Peuchère...

LE BRIGADIER

Il arriva ce qui devait arriver : la concubine de l'aiguiseur chevalin ne tarda guère à prendre en considération les assiduités d'un joli garçon.

GÉDÉMUS

Ayayaïe!

LE BRIGADIER

C'est le mot qui convient. Qui était ce joli garçon? Son âge, son costume, sa profession et même ses antécédents, je renonce à les décrire. Je ne puis affirmer qu'une chose : c'est qu'il n'était pas chevalin.

GÉDÉMUS

Il n'était pas chevalin.

LE BRIGADIER

Et il avait raison de ne pas l'être! Dans le cœur de la concubine, il triompha du rémouleur, et le pauvre aiguiseur fut appelé cocu.

120

GÉDÉMUS

Cocu?

LE BRIGADIER

Cocu, tout simplement, tout naturellement. Il en conçut une rage mortelle, une rage étouffante, une rage néfaste. Il en maigrit et, par moments, il en perdit la raison. Il aiguisait le dos des couteaux et même, quelquefois, le manche.

GÉDÉMUS

Oh, dites, il était bien touché!

LE BRIGADIER

Il aiguisait tout ce qui lui tombait sous la main : une planche, un chapeau melon, un mouchoir.

GÉDÉMUS

Ça, alors, je m'en chargerais pas!

LE BRIGADIER

Je ne dis pas qu'il les rendait tranchants; mais il les frottait sur sa meule, sans entendre les ricanements des passants, parce qu'il était déréglé, désorienté, dévasté par la jalousie.

GÉDÉMUS

C'est aussi beau qu'un vrai roman.

LE BRIGADIER *(modeste)*

Flatteur, flatteur! Il est vrai que j'ai quelquefois envie d'écrire et que j'aurais pu être un Pierre Benoit, ou même un Michel Zévaco, mais je n'ai jamais eu la patience. Donc, un beau soir, le rémouleur décida de se venger. Il alla voir son rival.

GÉDÉMUS
Avec un couteau bien aiguisé!

LE BRIGADIER
Avec un couteau bien aiguisé. Merci de cette révélation révélatrice.

GÉDÉMUS
Il n'y a pas de quoi.

LE BRIGADIER
Mais, quand il fut en face du rival, le courage lui manqua! Au lieu de le tuer, il lui paya l'apéritif. Parce que cet aiguiseur était un lâche.

GÉDÉMUS
C'est une honte pour la corporation.

LE BRIGADIER
Mais alors, que fit-il?

GÉDÉMUS
Oui, que fit-il?

LE BRIGADIER
Sous prétexte d'un voyage exigé par sa profession, il entraîna sa compagne dans une région désertique... Les hauts plateaux, le vent, l'orage, le tonnerre.

GÉDÉMUS
Oh, je connais ça! Je le vois d'ici!

LE BRIGADIER
Vous le re-voyez?

122

GÉDÉMUS

Oui, si vous voulez, je le revois.

LE BRIGADIER

Bien. *(Il s'assoit, il note rapidement quelque chose.)*
Et là, dans la nuit, avec un couteau bien affilé, il la
trucida.

GÉDÉMUS

Il la trucida! Et alors, elle, qu'est-ce qu'elle répon-
dit?

LE BRIGADIER

Rien, puisqu'elle était trucidée.

GÉDÉMUS

Ça lui avait coupé la parole.

LE BRIGADIER

Non, non. Il l'avait assassinée. Trucider, ça veut
dire assassiner, et peut-être pire.

GÉDÉMUS

Et peut-être pire! Dites, assassiner, c'est déjà
bien!

LE BRIGADIER

Oh, que oui! Surtout devant le jury!

GÉDÉMUS

Et après?

LE BRIGADIER

Après, il dissimula le cadavre de sa victime, dans

un fourré, ou dans une grotte... Vous voyez ça d'ici?

GÉDÉMUS

Oh! Sur les plateaux, c'est facile. Moi je vous cacherais cinquante cadavres comme rien du tout. C'est de l'enfantillage.

LE BRIGADIER

C'est de l'enfantillage. D'accord. Et ensuite, il descendit voir les gendarmes et il leur raconta une histoire incroyable.

GÉDÉMUS

Et les gendarmes ne l'ont pas cru?

LE BRIGADIER

Pas du tout. Le brigadier de gendarmerie, qui avait de l'instruction et même une certaine finesse, vit tout de suite la vérité, jusque dans ses moindres détails.

GÉDÉMUS *(gêné)*

Et alors, que fit-il?

LE BRIGADIER

Il se leva *(Il se lève)* et dit : « Rasibus, je vous arrête. »

GÉDÉMUS

Tant mieux. C'est bien fait.

LE BRIGADIER *(au gendarme)*

Passez-lui les menottes.

124

GÉDÉMUS

A moi?

Le gendarme s'approche de lui avec une paire de cliquetantes menottes.

C'est pour rire?

LE BRIGADIER *(au gendarme)*

Gendarme Coriandre, nous avons affaire à la pire espèce d'imposteur. Un hypocrite invétéré qui, dans les cas les plus flagrants, n'avouera jamais. Celui-ci, même à l'heure où le bourreau lui coupera les cheveux sur la nuque afin de dégager son cou, celui-ci fera semblant de ne pas comprendre et de croire à une plaisanterie matinale. Gendarme Coriandre, arrêtez le sieur Rasibus.

GÉDÉMUS

Mais qu'est-ce que vous dites?

LE BRIGADIER

Que la farce est jouée, que la conversation est terminée et que l'affaire est toute cuite. Une belle affaire!

GÉDÉMUS

Vous croyez que c'est moi?

LE BRIGADIER

Il ne s'agit pas de croyance, mais de conviction. Les menottes!

Le gendarme passe les menottes à Gédémus.

LE BRIGADIER *(charmé)*

Assassin. Voilà une tête d'assassin.

GÉDÉMUS

Oh, mais dites! Moi, des choses comme ça, je ne
les accepte pas.

LE BRIGADIER *(sceptique)*

Ce n'est pas le cri de l'innocence.

GÉDÉMUS

Vous êtes complètement fou.

LE BRIGADIER

Ce n'est pas le cri de l'innocence.

GÉDÉMUS

Je n'ai jamais touché un cheveu de la tête d'Arsule.

LE BRIGADIER

Ce n'est pas le cri de l'innocence.

GÉDÉMUS

Je suis bien embêté qu'elle ne soit plus là : c'est
elle qui traînait la baraque!

LE BRIGADIER

Ce n'est pas le cri de l'innocence!

GÉDÉMUS *(exaspéré)*

Et qu'est-ce que c'est, le cri de l'innocence?

LE BRIGADIER *(malin)*

Pensez-vous que je vais vous l'indiquer, pour que vous le poussiez tout de suite? *(Au gendarme.)* Oh, il est très fort!

GÉDÉMUS

Mais pourquoi je l'aurais tuée?

LE BRIGADIER

Pourquoi, nous le savons très bien. Mais à quelle heure? Et où est le cadavre? Où est le cadavre déjà décomposé de ta victime?

DANS LA MAISON DE PANTURLE

Arsule se retrousse les manches, prend un balai de joncs et commence à balayer. Elle est heureuse, elle rit, elle fredonne. Elle balaie sous l'évier, elle arrache des herbes, elle gratte le parquet avec une vieille truelle. Mais au pied du mur, il y a une petite plante fleurie.

ARSULE

Toi, je te laisse, parce que tu es jolie.

Elle nettoie autour. Soudain, on entend des pas d'homme. Elle écoute. Par la fenêtre, elle voit arriver les deux gendarmes. Elle paraît inquiète, elle ne bouge pas. Les gendarmes, dehors, se concertent.

LE BRIGADIER

Voici probablement la maison que l'accusé nous a décrite. Cherchons la flaque de sang.

Ils cherchent, en effet, la flaque de sang. Ils montent l'escalier.

LE BRIGADIER
D'ailleurs, nous ne la trouverons pas. La voilà.

En effet, sur la dernière marche il y a une tache brune.

LE GENDARME
Il avait dit « flaque ».

LE BRIGADIER
Ça devait être une petite flaque, qui a laissé une grosse tache. Cette tache laisse supposer en effet une blessure, peut-être mortelle. Mais où est le cadavre? Et qui infligea la blessure? Rasibus, très certainement. Mais agissons comme si nous n'avions aucun soupçon.

Il frappe doucement à la porte.

Au nom de la loi, ouvrez!

Il attend. Un silence. A l'intérieur de la maison, Arsule, effrayée, ne bouge pas. On entend une seconde fois la voix du brigadier impérieuse.

LE BRIGADIER
Au nom de la loi, ouvrez!

Elle se décide. Elle ouvre la porte.

ARSULE
Qu'est-ce que c'est?

LE BRIGADIER

Notre costume vous renseigne assez clairement sur nos fonctions. Pouvons-nous entrer?

ARSULE

Oui.

Elle recule; ils entrent. Le brigadier inspecte les lieux, puis, brusquement, sous le nez d'Arsule, il dit sans respirer :

LE BRIGADIER

Qui êtes-vous? D'où venez-vous? Que faites-vous ici? Etes-vous née dans ce village? N'avez-vous rien à vous reprocher? Où sont vos papiers? *(Au gendarme.)* Il faut circonscrire les recherches.

Arsule demeure muette. Elle ne sait à quelle question répondre. Elle ne dit rien. Enfin, elle essaie de parler.

ARSULE

Je m'appelle Irène Charles. J'ai des papiers. Attendez.

Elle fouille dans son corsage, elle en sort un petit sac de toile dans lequel elle prend diverses feuilles et cartes qu'elle tend au brigadier.

LE BRIGADIER *(qui parcourt les papiers, lit parfois à haute voix)*

Irène Charles. Célibataire. Profession : chanteuse foraine. Tiens!... Elle n'a pas une tête à chanter. Et comment se fait-il qu'étant chanteuse, vous ayez une truelle à la main?

ARSULE

Je nettoie... J'habite ici, maintenant.

LE BRIGADIER

Depuis quand?

ARSULE

Depuis hier.

LE BRIGADIER

Qui vous a conduite ici?

ARSULE

Gédémus, le rémouleur.

LE BRIGADIER

Et Arsule alors?

ARSULE

C'est moi.

LE BRIGADIER

Et cette tache de sang, qu'est-ce que c'est?

ARSULE

Un chasseur, hier, qui a écorché un renard, pendu au crochet près de la porte.

LE BRIGADIER

Chasseur ou braconnier?

ARSULE

Je ne sais pas. Un passant...

LE BRIGADIER
Et vous habitez seule ici?

ARSULE
Non. Avec un homme. Le propriétaire de la maison.

LE BRIGADIER
Alors, le rémouleur ne vous a pas tuée?

ARSULE
Non.

LE BRIGADIER
C'est navrant. Nous l'avons mis dans un cachot.

ARSULE *(elle rit)*
Le pauvre! Vous allez le faire sortir?

LE BRIGADIER
Le devoir nous y force.

ARSULE
Eh bien... Je veux vous demander quelque chose. Ne lui dites pas où je suis. Dites-lui que je suis partie, que je suis heureuse, ou presque – et qu'il ne me reverra jamais.

LA GENDARMERIE DE SAULT

Dans le cachot, Gédémus claque des dents. Il parle seul.

GÉDÉMUS

Je me suis mis dans mon tort. J'aurais dû ne rien dire du tout. Oui, seulement, si on l'avait retrouvée escoffiée, qui c'est qui aurait été bien embêté? C'est Gédémus. Et ce gendarme qui m'appelle Rasibus! Et chevalin! Chevalin! Qui sait ce qui va se passer? Au moins, si je pouvais aiguiser quelque chose!

On entend un grand bruit de verrous. La porte s'ouvre. Paraît le gendarme.

LE GENDARME

Bonjour, monsieur.

GÉDÉMUS

Bonjour, monsieur. Vous êtes bien poli aujourd'hui.

LE GENDARME

Je n'ai pas le droit, monsieur, d'être impoli, avec personne. Voulez-vous avoir la bonté de me suivre?

GÉDÉMUS

Il y a du nouveau?

LE GENDARME *(confus)*

Oui, il y a du nouveau.

GÉDÉMUS *(inquiet)*

Peut-être vous l'avez retrouvée décapitée et vous me considérez comme un grand criminel. Ce qui vous inspire du respect?

LE GENDARME

Non, non, pas décapitée.

GÉDÉMUS

Egorgée?

LE GENDARME

Non, pas égorgée. Entière, et en bonne santé. En parfaite santé.

GÉDÉMUS *(triomphant et déjà menaçant)*

Va bien. Je suis donc une simple erreur judiciaire.

LE GENDARME

Si courte, si courte...

GÉDÉMUS *(sarcastique)*

Courte, mais bonne. Excellente même.

LE GENDARME

En tout cas, vous êtes libre, naturellement.

GÉDÉMUS

Naturellement M. le brigadier n'est pas venu me présenter ses regrets? *(Le gendarme fait un geste évasif.)* Je désire lui présenter les miens.

LE GENDARME

Je ne vous le conseille pas.

GÉDÉMUS

Un gendarme qui parle à une erreur judiciaire n'a pas de conseils à donner. Montrez-moi le chemin.

LE BUREAU DU BRIGADIER

Il déchire des papiers. Il a l'air ennuyé. La porte s'ouvre. Gédémus entre, suivi du gendarme.

LE BRIGADIER

Qu'est-ce que c'est? *(Gêné.)* Ah! Bonjour, monsieur Rasibus.

GÉDÉMUS

Non, monsieur. Non.

LE BRIGADIER

Non quoi?

GÉDÉMUS

Pas Rasibus. Gédémus.

LE BRIGADIER *(soupçonneux)*

Il change de nom brusquement? Il y a quelque chose là-dessous. Voulez-vous me montrer vos papiers?

GÉDÉMUS

Non. Pas deux fois.

LE GENDARME *(doucement)*

Sur ses papiers, il y a Gédémus. C'est la vérité.

134

GÉDÉMUS

Et puis, il ne faut pas abuser. Vous avez vu Arsule vivante, et moi je sors d'un cachot où j'ai passé la nuit. Qu'est-ce que vous en pensez?

LE GENDARME

Je pense que vous dites la vérité.

GÉDÉMUS

Et c'est tout?

LE BRIGADIER

Je ne puis rien dire de plus grandiose.

GÉDÉMUS

Si vous aimez tant la vérité, vous me permettrez de vous dire les quatre qui vous appartiennent.

LE BRIGADIER

C'est-à-dire?

GÉDÉMUS

C'est-à-dire que je veux vous dire vos quatre vérités.

LE BRIGADIER

Quatre, ce n'est pas beaucoup. Moi, j'en connais plus de quatre. Rasibus, Arsule est vivante, elle est superbe, réjouissons-nous. Mais elle ne veut plus vous voir! Elle est remontée vers le nord.

GÉDÉMUS

Et moi, alors?

LE BRIGADIER

Vous, vous êtes libre. Libre de vous en aller.

GÉDÉMUS

On dirait que vous me faites un cadeau.

LE BRIGADIER

LA LIBERTÉ ce n'est pas un cadeau?

GÉDÉMUS

Pas pour un honnête homme, puisqu'il y a droit.

LE BRIGADIER

Un honnête homme est libre dans la mesure où l'autorité le permet. Ici, l'autorité, c'est moi.

GÉDÉMUS

L'autorité, c'est vous?

LE BRIGADIER

L'autorité, c'est moi.

GÉDÉMUS

Et l'intelligence, qui c'est?

LE BRIGADIER

Ce n'est pas vous.

GÉDÉMUS

Hum... Non, ce n'est pas moi. Mais moi, je suis l'innocence.

LE BRIGADIER

Malheureusement... Malheureusement... Vous ne l'avez pas tuée... Pas de crime... Rien... Une pauvre et simple histoire de rémouleur... Pas de crime...

GÉDÉMUS

On dirait que vous me le reprochez...

LE BRIGADIER

Je ne vous fais aucun reproche. Mais j'ai le droit d'exprimer un regret... Je viens de perdre tout l'avancement que j'avais vu en rêve cette nuit... J'avais entendu les félicitations du juge d'instruction, j'avais fait ma déposition à la cour d'assises, j'avais entendu les félicitations du président... Qui c'est qui va me féliciter à présent?

GÉDÉMUS

C'est pas moi. Il ne me reste plus qu'à vous remercier pour « chevalin », pour « le rémouleur fut cocu », etc. et etc.

LE BRIGADIER *(glacial et menaçant)*

Dites donc, vous... Je me souviens tout à coup d'une pensée qui a été dite, comme de juste, par un penseur : et cette pensée, qui est profonde et menaçante, la voici : « C'est très joli d'être innocent; mais il ne faut pas en abuser. »

GÉDÉMUS

C'est-à-dire?

LE BRIGADIER

N'abusez pas de votre innocence : elle pourrait vous coûter cher... Si l'on fouillait dans votre passé...

GÉDÉMUS

Ça, vous pouvez fouiller vous-même. Je suis un innocent endurci.

LE BRIGADIER

Alors, qu'est-ce que vous faites ici?

GÉDÉMUS

Je me le demande.

LE BRIGADIER

Je vais vous le dire : vous attendez que je vous dresse un procès-verbal pour port d'armes prohibées, un procès-verbal pour avoir campé en nomade sans autorisation, un procès-verbal pour avoir allumé du feu à moins de quatre cents mètres d'une forêt, et qu'en fin de compte je vous arrête pour vagabondage, refus de circuler et outrage à magistrat.

Le gendarme déplie les menottes qui tintinnabulent gaiement.

GÉDÉMUS

J'ai fait tout ça sans m'en apercevoir?

LE BRIGADIER

Vous l'avez fait : je veux bien l'oublier. Et maintenant, garde-à-vous. *(Gédémus se met automatiquement au garde-à-vous.)* Demi-tour à droite, droite! *(Gédémus fait le demi-tour à droite.)* Direction, la baraque du rémouleur. Objectif : sortir de la commune le plus rapidement possible. En avant, marche!

Gédémus, raide et tremblant, sort de la gendarmerie. On le voit prendre les brancards de la baraque, et s'enfuir dans la poussière de la route.

DEUXIÈME PARTIE

LES SEMAILLES D'AUTOMNE

Un mois se passe, et toute la colline fleurit.

Trois mois se passent, et voici les premiers froids dorés d'octobre.

Panturle descend la pente de la colline, sous un énorme fagot qu'il tient d'une main. De l'autre, il porte trois grosses perdrix, et il chante.

DANS LA CUISINE

Arsule frotte les carreaux de toutes ses forces. La salle n'est plus reconnaissable. Elle est propre comme un sou, les fentes sont bouchées avec du plâtre qui fait de grosses raies maladroites sur le mur. Les carreaux qui manquaient aux fenêtres sont remplacés par des planches ou du papier journal. L'escalier qui monte au premier a été remis en état. Il y a des casseroles à la batterie de cuisine. Il ne reste plus qu'une jolie petite plante entre deux carreaux. Arsule, qui s'en approche en frottant le sol, lui parle.

Oh, Catherine! Tu penches beaucoup! Je crois qu'hier je t'ai pas arrosée!

Elle va prendre de l'eau à la cruche. Pendant qu'elle remplit un gobelet, elle dit :

La pauvre! Elle ne peut rien dire...

Puis, elle revient près de la plante, et elle l'arrose. A ce moment, on entend au-dehors la voix de Panturle. Il crie : « Ho! Ho! » Arsule bondit, elle s'élance à sa rencontre.
Il rit. Elle lui saute au cou. Puis elle marche à côté de lui, en le serrant par le bras, et ils reviennent vers la maison.

ARSULE

Tu as été jusqu'où?

PANTURLE

Jusqu'à Reine-Porque.

ARSULE

Tu n'as pas eu froid?

PANTURLE

Non.

A ce moment, ils arrivent en haut de l'escalier, devant la porte. Panturle se baisse pour faire passer l'énorme fagot de bois. Arsule l'arrête.

ARSULE

Ecoute, le bois, ne le rentre pas comme ça. J'ai

nettoyé la cave à côté. Pose-le dans la cave, et puis tu
l'apporteras à mesure. Autrement, dans la cuisine, ça
fait sale.

PANTURLE

Du bois?

ARSULE

Oui, du bois. Ça ne fait pas sale si tu veux, mais ça
fait désordre. Dépêche-toi.

*Il va vers la cave. Elle entre dans sa cuisine. Là, elle
prend la grosse louche, et elle s'approche de la marmite. Elle remplit la soupière, qui est tout ébréchée.
Elle la pose sur la table. Panturle entre, il quitte son
chapeau. Il s'assoit à sa place, plein de joie. Arsule
remplit son assiette. Il regarde avec étonnement une
serviette pliée qui est posée devant lui, sur la table.*

PANTURLE

Où as-tu trouvé ça?

ARSULE

Dans un vieux pétrin, là-haut, la maison près de
l'église. Il y en avait au moins vingt. Mais la moitié
étaient moisies. Allons, mets-toi ta serviette.

PANTURLE (ravi)

Quand même toi! Tu en as, des inventions!

ARSULE

Puisqu'on les a, pourquoi on s'en servirait pas?

*Il s'attache la serviette autour du cou, comme les
enfants.*

PANTURLE

Une serviette! Il me semble que je suis chez le coiffeur!

ARSULE

Tu n'as pas dû y aller souvent!

PANTURLE

Pendant mon service militaire. Il y avait un coiffeur à l'escouade. Et le samedi soir, des fois, il me rasait.

ARSULE

Et après tu allais voir des femmes.

PANTURLE *(la bouche pleine)*

Pardi! Où tu voulais que j'aille? Si j'avais été faire une visite au colonel, il aurait pas voulu me recevoir. Alors, on allait au *Palmier*. On se battait avec les chasseurs alpins.

ARSULE

Qu'est-ce que tu étais, toi?

PANTURLE

Moi j'étais dans l'artillerie de montagne. J'étais le plus bête du régiment.

ARSULE

Ce n'est pas vrai.

PANTURLE *(vexé)*

Tu le sais mieux que moi, peut-être?

ARSULE

Je ne veux pas. Tu étais peut-être le plus lourdaud, le plus sauvage, mais tu n'étais pas le plus bête.

PANTURLE

Si tu veux. En tout cas, chaque fois que je voulais dire quelque chose, tout le monde rigolait, même les sous-officiers.

ARSULE

Parce que c'étaient des imbéciles.

Elle s'assoit en face de lui.

PANTURLE

Allez, va, ne commence pas à dire du mal. Et puis pourquoi tu te mets en face de moi? Ça ne me plaît pas. On dirait le restaurant. On dirait que je suis en train de te vendre un cheval, ou alors que nous allons faire une partie de cartes. Ça ne me plaît pas.

ARSULE

Et où tu veux que je me mette?

PANTURLE

Tu le sais bien, à côté de moi.

Arsule prend son assiette, et fait le tour de la table. En marchant elle dit :

ARSULE

A côté de toi, je ne te vois pas.

PANTURLE

Moi, ça ne me fait rien de te voir, mais il faut que je te touche.

Il la regarde manger. Puis il se lève et va prendre le lièvre à la broche qui tourne devant le feu. Il le pose sur la table et commence à le dépecer.

PANTURLE

Qu'est-ce que tu veux? Une cuisse ou un bout du râble?

ARSULE

Ça ne me dit guère, tu sais. Je n'ai pas très faim aujourd'hui.

PANTURLE

Fille, tu ne manges pas beaucoup, je trouve. Un beau lièvre, ça ne te dit rien...

ARSULE

Ça ne me dit pas grand-chose. J'aime mieux les pommes de terre, les carottes... Avant, il me semblait que le gibier, c'était pour les riches. Je pensais : « Ils doivent être heureux, ceux qui peuvent manger du lièvre tous les jours. » Et puis, au fond, ce n'est pas une vraie nourriture...

PANTURLE

Tu préfères pas les perdrix?

ARSULE

Oui, peut-être. Mais tout ça, c'est jamais que des bêtes mortes.

*Ils mangent un instant. Puis Panturle lui tend le foie
du lièvre.*

PANTURLE

Fille, le foie, c'est le meilleur... Tiens, mange-le.

Elle mange le foie. Panturle réfléchit. Puis il dit :

Je le vois, maintenant, ce qu'il faut faire. Il va
falloir semer du blé!

LE LENDEMAIN MATIN
DANS LA COLLINE

*On voit Panturle qui cherche son champ. Il porte
une hache et une petite bêche. Il entre dans un champ
abandonné, au fond d'un vallon. Les oliviers amaigris
sont dévorés de clématites, le vieux sorbier est plein de
lierre, il y a des pins et des plantes sauvages. Il se
baisse, il gratte la terre, il en prend une poignée, il
l'examine. Puis il se relève et s'en va. Il tourne au fond
de Passe-temps, puis au verger d'Edmond, et enfin, il
arrive à la Pondrane.*
*Il fait la même chose, puis il se décide. Il quitte sa
chemise, aiguise sa hache et commence à abattre les
pins.*

CHEZ GAUBERT, DANS LE JARDIN

La Belline arrose des fleurs. Le fils Gaubert entre. Il a son uniforme.

JASMIN

Le père?

BELLINE

Comme d'habitude. Il est dans son fauteuil. Il n'a pas voulu que je le porte dehors, mais il va bien. Et toi, qu'est-ce que tu as?

JASMIN

Rien, ça va. Seulement, je crois qu'il va falloir faire grève.

BELLINE

Pour quoi faire?

JASMIN

Pour obtenir une amélioration de notre sort. Pour le bon motif, quoi. On a raison.

BELLINE

On a raison... Bien sûr qu'on a raison... Seulement, si ça dure quinze jours?

JASMIN

Qu'est-ce que tu veux! Si le syndicat le décide, ce sera mon devoir d'obéir... Dis, il viendra peut-être ce soir, celui qui a vérifié les pieds de tabac.

BELLINE
Et qu'est-ce qu'il leur fait, aux pieds de tabac?

JASMIN
Rien. Il compte les feuilles de chaque pied, et puis il l'écrit sur un carnet.

BELLINE
A quoi ça l'avance?

JASMIN
Oh, il ne le fait pas pour son plaisir. Seulement c'est la loi. Il faut obéir à la loi. Tu as vu ce que ça nous a causé de ne pas avoir déclaré le chien... Et encore, à la mairie, ils ont été gentils... Mais s'ils avaient voulu appliquer la loi.

BELLINE
A force d'en faire, des lois, bientôt on ne pourra plus bouger ni pied ni patte.

JASMIN
Mais non, Belline... Mais non... Qu'est-ce que tu veux... C'est le progrès. A tout à l'heure...

BELLINE
Et où tu vas comme ça?

JASMIN
Je vais à la permanence du parti. Je suis de garde de deux à quatre... A tout à l'heure...

BELLINE *(elle marmonne)*
C'est le progrès... Va, il est joli, le progrès...

DANS LA MAISON DE PANTURLE

Arsule repasse un mouchoir avec un vieux fer plutôt rouillé. Elle s'applique avec amour. Au-dessus du plafond, on entend le pas de Panturle.

ARSULE
Au moins, tu as mis la chemise propre?

PANTURLE
Oui, je l'ai mise. Où l'as-tu trouvée?

ARSULE
Dans la vieille malle de ton père.

PANTURLE
Quand même, tu en as, des inventions!

Il descend pesamment l'escalier. Il est tout habillé de propre. Il a un veston de velours.

PANTURLE
Regarde! J'ai même un bouton doré.

Il montre le bouton qui ferme le col de sa chemise.

Je semble un homme des plaines.

ARSULE
Tiens, un mouchoir. Et puis je t'ai brossé ton chapeau. *(Elle le lui met sur sa tête.)* Fais-toi voir. *(Elle l'examine.)* Ça va. Alors, qu'est-ce que tu vas faire?

PANTURLE

Un, je vais porter les peaux à Michel de la diligence, il m'en donnera bien dix francs. Avec ça, je pourrai te porter des allumettes, du savon et du pétrole.

ARSULE

Bon. Et pour le reste, tu sais où tu vas?

PANTURLE

Ne t'inquiète pas. C'est tout rangé dans ma tête bien en ordre.

ARSULE

A quelle heure tu reviendras?

PANTURLE

Ça dépend... Mais ça sera tard...

ARSULE

J'irai t'attendre à la Font de Reine-Porque avec la lanterne...

PANTURLE

Tu penses comme j'ai besoin d'une lanterne pour rentrer ici.

ARSULE

Moi, j'en ai besoin.

PANTURLE

Mais qui t'oblige à venir?

ARSULE

Si je ne te vais pas au-devant, je te verrai un peu plus tard...

PANTURLE

Avec le froid qu'il fait, j'aimerais mieux que tu viennes pas...

ARSULE

Bon. Je ne viendrai pas. Mais alors, maintenant, je t'accompagne un petit bout.

PANTURLE

Ça, oui.

Ils sortent. Panturle détache la chèvre, qui était près de la porte, pendant qu'Arsule ferme la porte à clef. Elle met la clef dans sa poche, puis elle prend le bras de Panturle. Panturle tire sur la corde de la chèvre.

PANTURLE

Alors, Caroline, tu viens, non? Dans le costume qu'elle me voit, cette bête, elle me reconnaît plus. Elle doit croire que je la mène à la messe.

Ils partent tous les trois sur le chemin.

DEVANT LA FERME DE L'AMOUREUX

Il y a un mulet attaché au mur, sous les platanes. Alphonsine étend du linge sur l'herbe. L'Amoureux lime une bêche un peu ébréchée, il est assis sur le banc. Dans le champ devant la ferme, il y a un homme qui laboure; un enfant mène le cheval par la bride. Près de la terrasse, un homme pioche un amandier. Auprès de l'Amoureux il y a le Clodomir qui écoute.

L'AMOUREUX

Evidemment, c'est mieux de couper la branche au ras du tronc. C'est plus joli à l'œil. Seulement, il faut penser à la cueillette. Laisse dépasser quelques départs de branches pour qu'on n'ait pas besoin d'échelle.

CLODOMIR

Bon. Les quatre gros d'amandes amères, ils sont bien hauts maintenant. J'ai envie de les couronner, ça les ferait partir en largeur.

L'AMOUREUX

Je sais qu'ils le font du côté d'Orange... Ecoute, couronnes-en deux, et l'an prochain nous verrons comment ça se dessine.

Il voit arriver Panturle sur le chemin.

Vé, qu'est-ce que c'est, celui-là?

Ils regardent venir Panturle. Puis il se lève, joyeux et stupéfait.

L'AMOUREUX

Ah bien, celle-là, on peut le dire, c'est de l'exemple! Oh Panturle! Je te croyais mort!

PANTURLE

Oh, dis donc, j'en ai pas envie!

L'AMOUREUX *(ravi)*

Ah bien, celle-là!

Son bras retombe sur l'épaule de Panturle.

PANTURLE

Eh oui, c'est moi.

L'AMOUREUX

C'est pas de rire, tu sais; je le croyais! Alphonsine, viens voir un peu! Alphonsine!

Elle paraît sur le perron.

ALPHONSINE

Le Panturle! Ça, par exemple, ça me fait plaisir!

PANTURLE

Tu es bien brave.

L'AMOUREUX

C'est pas vrai qu'on le croyait mort?

ALPHONSINE

C'est vrai, on en a encore parlé il y a pas longtemps! Et alors, dites, vous allez boire le coup tout de suite.

PANTURLE

Bien volontiers, Alphonsine! C'est pas si souvent que je bois du vin!

Alphonsine entre en courant dans la cuisine. Elle en

ressortira avec la bouteille et les verres pendant la conversation.

L'AMOUREUX
Et alors, où tu allais comme ça?

PANTURLE
Juste ici.

L'AMOUREUX
Alors, va bien. Tu sais que, si tu as besoin de quelque chose, ici tu peux le prendre à ta fantaisie.

PANTURLE
Merci. Voilà. C'est d'abord pour celle-là. *(Il montre Caroline.)* Tu as pas un bouc, ou tu n'en connais pas un? Elle peut plus rester comme ça. Elle tourne, elle se frotte partout, elle bêle que c'est pas croyable. D'ici huit jours, elle va dire des saletés.

L'AMOUREUX
Oh, Dieu garde! Ça, de bouc, j'en ai pas, mais il y a celui de Turcan. Laisse-la-moi, je la ferai mener ce soir par Etiennette.

PANTURLE
Et puis après, voilà; je voudrais te demander aussi de la semence à blé. J'ai envie d'en faire un peu là-haut.

L'AMOUREUX *(charmé)*
Tiens, tu deviens raisonnable!

PANTURLE
Oui, un peu. Seulement, la semence, je ne te la

155

paye pas. Je ne peux pas. Je te la rends à la récolte. Et puis, dans quelque temps, quand tu voudras, j'aimerais que tu me prêtes un cheval, pour un ou deux jours. Ça, je te le payerai comme tu voudras : avec des sous ou en grains.

L'AMOUREUX

Ça peut se faire. Combien tu en veux, de blé?

Panturle réfléchit.

PANTURLE

Si tu peux, donne-m'en trois cents kilos. Ça va?

L'AMOUREUX

Ça va.

PANTURLE

Fais-le-moi porter à la Font de Reine-Porque demain matin. La charrette peut y aller. De là, je me débrouillerai.

L'AMOUREUX

D'accord. Et le cheval?

PANTURLE

Quand tu pourras, quand il sera libre.

L'AMOUREUX

Eh bien, je te l'enverrai... dans quatre jours.

PANTURLE

Ça va. Tu sais, l'Amoureux, tu me rends bien service.

L'AMOUREUX

C'est bien facile, Panturle. Ça fait plaisir et ça ne dérange pas.

PANTURLE

Tu as eu du beau blé cette année?

L'AMOUREUX

Oui, il est beau. Tiens, regarde.

PANTURLE

C'est celui-là que tu vas me donner?

L'AMOUREUX

Oui, c'est celui-là.

PANTURLE

Le petit sac, je peux l'emporter aujourd'hui?

L'AMOUREUX

Mais oui, tu peux l'emporter.

Alphonsine paraît sur la porte, avec une grosse miche et un grand couteau.

ALPHONSINE

Tu n'as pas vu les petits?

L'AMOUREUX

Ils étaient là tout à l'heure.

ALPHONSINE

Clodomir, tu n'as pas vu les petits?

CLODOMIR

Ils sont au bout du champ, dans la haie!

ALPHONSINE *(elle appelle)*

Nano! Nano!

L'AMOUREUX

Lison!

Ils attendent; les petits sortent de la haie, en courant, et ils s'élancent vers la mère.

ALPHONSINE

Et alors? Vous y pensez plus, au goûter?

NANO

On savait pas que c'était l'heure.

PANTURLE

Tu n'as pas faim, alors?

NANO

Oui, mais j'ai faim tout le temps, alors ça veut pas dire l'heure.

ALPHONSINE

Tiens!

Elle donne trois figues et deux noix à Nano.

Et tiens!

Elle donne trois figues et deux noix à Lison.

Et attendez.

Elle coupe deux grandes tranches de pain, et les donne aux enfants. Panturle la regarde avec étonnement, il admire le gros pain de campagne.

158

PANTURLE

Il est beau, ce pain. On dirait celui des anciens.

L'AMOUREUX

C'est le même. Nous avons rallumé le four. C'est moi qui pétris, et c'est elle qui cuit.

PANTURLE

Et la farine, où tu la prends?

L'AMOUREUX

Je la fais, avec mon blé, dans un grand mortier de marbre qui était là-haut au grenier. Qu'est-ce que tu veux, le blé, ça ne se vend plus guère. De le faire dénaturer comme ils disent, ça me donne mal au cœur. Et puis, les taxes, les impôts, le pétrin à la mécanique... Son four, le boulanger, il a du pétrole pour chauffer son four! Alors, mon blé, je me le mange...

ALPHONSINE

Ça épargne des sous... et c'est meilleur...

Elle va rentrer.

PANTURLE

Alphonsine!

ALPHONSINE

Quoi?

PANTURLE

Tu sais pas?... Je voudrais te demander quelque chose... Donne-moi une tranche de ton pain.

L'AMOUREUX

Je vais chercher les olives et le jambon.

Il se lève.

PANTURLE *(il le retient)*

Non, non, l'Amoureux, ce n'est pas la peine. Je n'ai pas faim, et le pain, ce n'est pas pour moi... Je vais te dire... Et puis, d'abord, ça se saura... Et puis, tout de même, ce n'est pas du mal... J'ai une femme, là-haut avec moi, et ça lui fera plaisir...

ALPHONSINE

Prends-le tout, alors!

Elle pose la grosse miche devant lui. Panturle est tout ému, et il sourit drôlement, en remuant les lèvres.

PANTURLE

Naturellement je peux pas te payer, mais je te revaudrai ça.

L'Amoureux et Alphonsine se regardent, blessés.

L'AMOUREUX *(à Panturle brutalement)*

Dis, où tu en as connu, toi, des gens, qui ont payé le pain dans la ferme de mon père?

ALPHONSINE

Dis, Panturle, comme tu deviens? C'est de vivre dans la montagne que tu déparles comme un bestiari?

160

L'AMOUREUX *(qui n'en revient pas)*

Eh bien, celle-là, alors, elle est forte! Il veut me payer mon pain!

PANTURLE

Ecoute, l'Amoureux...

L'AMOUREUX

Après celle-là, ne te gêne plus. Tu peux pisser dans la soupière.

PANTURLE

Ecoute, l'Amoureux, tu ne comprends pas ce que c'est pour moi... Il me semble que ça a une valeur si grande, si extraordinaire... Depuis le régiment, j'en ai pas mangé souvent... Quelquefois, le dimanche, quand je descendais jusqu'à Banon... Et maintenant à cause de ma femme, ça a encore plus de valeur... Il y en a que quand ils vont à la ville, pour leur femme, ils lui apportent un petit collier, ou un beau fichu, ou une dentelle. Moi, je lui apporterai ce pain... Et tu ne peux pas t'imaginer ce que je me languis d'être à ce soir... Elle aura mis le couvert, elle aura mis les serviettes – parce que nous avons des serviettes maintenant – moi, j'entrerai, je ne dirai rien, et je poserai le pain sur la table. Elle va se mettre à pleurer.

ALPHONSINE *(qui fond en larmes)*

Mon Dieu, qu'il est bête de dire des choses comme ça!

PANTURLE

Alors, tu comprends... Si par maladresse je t'ai porté ombrage...

L'AMOUREUX

Oui, tu m'as porté ombrage...

PANTURLE

Je ne l'ai pas fait exprès, et je voudrais que tu l'oublies... Dis-moi ce qu'il faut que je fasse.

L'AMOUREUX

Il faut que tu en prennes un autre.

ALPHONSINE

C'est bien fait! Je vais le chercher!

Elle entre en courant.

PANTURLE

Merci, l'Amoureux.

L'AMOUREUX

Tu es un gros brute.

PANTURLE

Merci, l'Amoureux.

L'AMOUREUX

Tu es épais comme un sanglier.

PANTURLE

Merci, l'Amoureux.

L'AMOUREUX

Tu es bête comme un âne.

PANTURLE

Merci, l'Amoureux.

162

Alphonsine pose le pain sur la table.

Merci, Alphonsine.

L'AMOUREUX
Maintenant, il ne sait plus que dire merci!

ALPHONSINE
Dis-moi un peu, où tu l'as trouvée, cette femme?

PANTURLE
Là-haut, dans la montagne.

L'AMOUREUX
On dirait que tu l'as trouvée à un piège.

PANTURLE
C'est presque ça. Elle passait avec un homme. Je la lui ai prise. Et lui est parti.

ALPHONSINE
Elle est jeune?

PANTURLE
Oui, à peu près comme toi.

ALPHONSINE
Elle est belle?

PANTURLE
Pour moi, c'est la plus belle. Oh oui, elle est belle.

ALPHONSINE
Et elle reste là-haut avec toi?

PANTURLE

Oui!

L'AMOUREUX

Alors, c'est que tu l'as attachée à un arbre.

PANTURLE

Oh que non, c'est elle qui garde la clef. Si elle voulait partir elle pourrait.

ALPHONSINE

Et tu oses l'embrasser avec la barbe que tu as?

PANTURLE

Souvent, elle m'embrasse sans que je lui demande...

ALPHONSINE

Va te faire raser, vaï, que tu sembles un oursin... Et puis fais-toi un peu couper les cheveux à la ville... autrement, tu finiras par te prendre dans une branche comme celui de l'histoire sainte... Tu sais, les femmes, elles vous aiment bien comme vous êtes, mais quand vous prenez une petite peine pour leur plaire, eh bien, ça leur fait un gros plaisir... Voilà!

L'AMOUREUX

C'est un peu pour moi qu'elle dit ça parce que je me suis pas rasé depuis trois jours... Ma belle, je fauchais le pré.

ALPHONSINE

Quand on est capable de faucher un pré, on devrait savoir se raser la barbe!

Elle verse à boire en riant.

164

SUR LA ROUTE

Panturle porte les deux pains et le sac de blé. Il s'arrête. Il prend un petit morceau de pain. Il le savoure, tout en marchant.

Panturle arrive dans une banlieue. Il cherche une maison. Il s'arrête à la porte d'un petit pavillon devant lequel il y a un jardin. La Belline est là qui donne à manger aux canards. Panturle regarde à travers devant la barrière.

PANTURLE

Hé, Belline!

BELLINE

Vé, le Panturle.

PANTURLE

Tu me reconnais?

BELLINE

Tu penses, si on te reconnaît pas! Tu es le seul homme des bois qui reste dans tout le pays! Mais aujourd'hui tu t'es habillé comme il faut! Tu viens voir le père?

PANTURLE

Oui.

BELLINE

Il est là-bas, près du poêle... Vas-y tout seul, il faut que je m'occupe des bêtes... J'irai tout à l'heure pour vous faire boire le coup... Le vieux ne va pas fort, tu sais... J'ai peur qu'il tombe en enfance bientôt...

PANTURLE *(navré)*

De bon Dieu!

BELLINE

Vas-y, ça lui fera plaisir...

Panturle traverse le jardin, il entre dans la cuisine.

DANS LA CUISINE

Gaubert est assis près du poêle sur une chaise à dossier droit. Ses deux mains sont appuyées sur sa canne. Son menton est appuyé sur ses deux mains. On entend la porte qui s'ouvre. Gaubert fait : « Oou! » Et il relève la tête péniblement. Panturle s'avance en riant d'un grand rire.

PANTURLE

Oh, père Gaubert, oh, depuis le temps, dites! Et alors, ça se fait bien, là, autour du poêle? O monstre de nature! Vous l'avez trouvé, vous, le bon travail!

Gaubert ne bouge pas. Panturle lui tend la main. Il ne bouge pas davantage. Panturle demeure stupéfait, la main ouverte.

GAUBERT

Prends-la, toi, ma main, là-dessus. Prends-la, ça me fera plaisir. Moi, je peux plus...

Panturle pose sur la table le sac et la miche. Il se

166

précipite, il prend la main de Gaubert. Il est tout ému.

PANTURLE

Et alors, Gaubert? Et alors, non? Mais qu'est-ce que c'est?

GAUBERT

Et alors, oui, tu vois c'est comme ça. Elles sont mortes.

PANTURLE

Mais quand est-ce que ça vous a pris?

GAUBERT

Un matin, quelque chose qui s'est dénoué dans les reins. Les enfants croyaient que c'étaient des manières. Ils me disaient : « Essayez! Un peu de courage! » Ah vouatt, courage. Rien à faire. C'était du bon...

PANTURLE

Et Jasmin, qu'est-ce qu'il a dit?

GAUBERT

Qu'est-ce que tu veux qu'il dise? Il a fait venir le docteur. Et le docteur a dit : « Il est paralysé. » Et ça nous a coûté dix francs. Et depuis, je suis là, dans ma chaise, comme un épouvantail de figuier... à ne pouvoir bouger un doigt pour chasser les mouches... Et quand je suis à un endroit où je gêne parce qu'on veut faire la cuisine, ou parce qu'on veut balayer, Jasmin prend la chaise d'un côté, Belline prend la chaise de l'autre côté et on me porte comme un meuble... Ah, les premiers temps que j'étais ici, oui, ma part c'était l'ombre et le verger, et la maison du fils, et le tout-petit... J'y apprenais à faire parler les pies en les tenant sous un pot de fleurs... J'y faisais des tours... C'était du rire... Maintenant, c'est la punition; j'aurais jamais dû quitter le village... Et la Mamèche?

PANTURLE

Elle est partie, un beau soir; je l'ai plus revue. Je sais pas où elle est.

GAUBERT

Et alors, toi, tu descends ici?

PANTURLE

Oh, que non! Moi je suis venu pour vous voir... Et puis je m'étais dit : « Peut-être ça lui fera plaisir de reprendre un peu son métier. » Je ne savais pas, vous comprenez... Alors, je venais, pour vous dire : « Faites-moi une charrue... » Mais maintenant...

GAUBERT

Oh bien sûr, bien sûr... (Un silence.) Ça ne te ressemble guère, toi, de vouloir une charrue... Tu es plutôt chasseur... Il te vaudrait mieux un sabre!

PANTURLE

Oh, la chasse, un jour c'est bon, un jour c'est mauvais. Tout bien pensé, c'est du bricolage. Et puis, c'est jamais que de la viande et on s'en dégoûte à la fin. J'ai trouvé une terre, de l'autre côté plateau, vous savez? Ça a l'air profond et bien gras. Alors, il m'a pris l'envie d'y faire du blé.

GAUBERT

C'est drôle que ça t'ait pris maintenant.

PANTURLE

C'est que je ne suis plus seul, j'ai une femme.

GAUBERT

Tu as une femme? Et d'où elle est?

PANTURLE

C'est une fille de l'Assistance... Elle a eu des malheurs... Et maintenant, elle reste avec moi... C'est ma femme. Alors un ménage, ça ne peut pas vivre de chasse. Depuis qu'elle est là, j'ai besoin de pain, et elle aussi. Alors...

GAUBERT

C'est naturel et c'est bon signe.

Un long silence. Une grosse larme coule sur la joue de Gaubert.

PANTURLE

Oh, mais qu'est-ce qu'il y a, père Gaubert? On vous a fait quelque chose? C'est votre belle-fille, peut-être. Dites, vous voulez que j'en parle à Jasmin? Qu'est-ce que vous avez?

GAUBERT

C'est bête, mais c'est plus fort que moi... C'est parce que je vois que la terre d'Aubignane va repartir... L'envie du pain, la femme, c'est ça, c'est le signe. Je connais ça, va, ça ne trompe pas... Ça va repartir de bel élan... et ça reviendra de la terre à homme... Seulement, qui sera là-haut, dans ma forge?

Il pleure, il renifle.

PANTURLE

Ah, ça! Gaubert, c'est pas des choses pour la réflexion des vieux... Si c'est de ça que tu pleures! Tu savais bien qu'un jour il te faudrait débarrasser le plancher pour un autre : c'est le sort... La seule chose qui doit te donner le regret, c'est que celui qui viendra ne saura pas faire les charrues comme toi... Toi, tu avais un sort pour les charrues. Va, tu as gagné tes galons... Tu as assez pétri le fer...

GAUBERT

Tu me dis « tu », maintenant, comme avant...

PANTURLE

Oui.

GAUBERT

Pourquoi?

PANTURLE

Je ne sais pas.

GAUBERT

Mettons que tu ne le saches pas, mais ça montre que tu as compris... Panturle, je te la ferai, cette charrue, ou ça sera presque pareil. Je veux que ça soit une des miennes qui commence. Ecoute : tu vas voir. Regarde un peu, d'abord, si la Belline est toujours au verger.

PANTURLE *(il regarde par la fenêtre)*

Oui, elle y est toujours. Pourquoi?

GAUBERT

C'est une femme : elle est avare. Si elle savait que

je te donne quelque chose, ça lui ferait mal au
ventre.

PANTURLE
Et pourquoi tu veux me donner quelque chose?

GAUBERT
Parce que je veux être, moi aussi, là-haut. Et
puisque la carcasse est morte, et que je peux pas y
aller, je veux y envoyer quelque chose à ma place.
Quelque chose que j'ai fait. Maintenant, prends ma
canne. Passe-la sous l'armoire.

*Panturle fait ce que lui demande Gaubert. La canne
rencontre une résistance.*

GAUBERT
Là. Tu sens quelque chose de dur? Tire.

*Panturle tire. Un soc paraît. Un soc aiguisé, arro-
gant, avec le flanc creux des bêtes qui courent à
travers la colline. Panturle regarde le soc et regarde
Gaubert.*

GAUBERT
Il est de bonne race. C'est le dernier. Je l'ai encore
fait à Aubignane... Prends-le. Mets-le vite dans ton
sac. *(Panturle fait comme il dit.)* Et puis, écoute :
parce que le soc c'est beaucoup, mais ce n'est pas
tout. Tu iras à la forge, là-haut. Tu sais que les
derniers temps, je couchais en bas, près de l'atelier.
A cet endroit, il y a un placard, un grand placard.
Tu l'ouvriras. Tiens, prends la clef, là, dans la poche
de mon gilet. Prends la clef. *(Panturle prend la clef.)*
Après, tu pourras la jeter : elle ne servira plus. Là,

dans ce placard, tu trouveras un bois de charrue, un bois d'araire, tout prêt, tout fini, tout tordu dans les règles. Un bois de race, aussi. Le bois qu'il faut pour ce soc. Tu monteras le soc avec les vis et les boulons qui sont aussi dans le placard, pliés dans un morceau de journal.

PANTURLE

Bon.

GAUBERT

Maintenant, si c'est pour labourer où tu m'as dit, sur la pente au pied du village, là où c'est dur, il faudra tordre encore un peu le bois. Pas beaucoup... Un peu... juste un peu tordu... Comme une cuillère à café, tu sais? Pour faire ça, tu mettras le bois à tremper trois jours dans le trou du cyprès. Trois jours, pas plus, et tords lentement, en pesant sur ta cuisse... Mais avant de faire tout ça, essaye la charrue telle qu'elle est. J'aimerais mieux que tu ne la touches pas...

PANTURLE

Oh que non, j'ai pas envie de tout démolir! Tu dis que les boulons sont dans un papier? Bon. Je la laisserai telle que. Ce que je veux, c'est du blé, c'est faire pousser du blé sur toute la bosse de Chênevières, c'est mettre du blé tout le tour d'Aubignane jusqu'à la porte des maisons... C'est tout remplir avec du blé, tant que la terre peut en porter!

GAUBERT

Elle peut en porter, notre terre, crois-moi, elle peut en porter une grande épaisseur... De mon temps,

172

c'était renommé... Le jour où un homme dur s'y mettra, alors, ça sera une bénédiction de blé...

LA BOUTIQUE DU COIFFEUR
A FORCALQUIER

On voit Panturle dans une rue, qui cherche. Il voit la boutique du coiffeur. Il s'avance. Il hésite. Enfin, il entre.

A l'intérieur, il y a un garçon qui rase un client. L'autre attend en lisant le journal. Panturle entre.

PREMIER GARÇON *(narquois)*

Oh, Gustave! C'est pour toi?

PANTURLE

Bonjour, messieurs.

PREMIER GARÇON

Oh, couquin de Diou! Monsieur, qu'est-ce qu'il y a pour votre service?

PANTURLE *(humble et modeste)*

Ça serait pour me couper la barbe. Il faudrait presque un sécateur.

PREMIER GARÇON

Ou une faux. Coquin de sort! Té, mettez-vous là. Je vous la couperai, la barbe; j'aurais pas peur de vous couper la tête. Alors, vous pensez!

PANTURLE

Je pense. Mais ne me la coupez pas. La tête, je veux dire.

Il s'assoit en gardant ses paquets sous les bras.

PREMIER GARÇON

Ça va me gêner, ces paquets.

PANTURLE

Ça ne fait rien. Faites comme vous pourrez...

PREMIER GARÇON

Et comment je vous la coupe? Toute.

PANTURLE

Oui, toute.

PREMIER GARÇON

La moustache aussi?

PANTURLE *(effrayé)*

Non. Pas la moustache.

PREMIER GARÇON

Bon. *(Il considère la barbe longuement.)* Ça, c'est une chose qu'il faudra faire en deux ou trois fois.

PANTURLE

Combien ça va me coûter?

PREMIER GARÇON

Ça n'a pas de prix. Mais pour vous ça sera deux francs.

Le garçon l'attaque avec de grands ciseaux.

LE SOIR, SUR LA ROUTE

Panturle remonte vers Aubignane. Il porte le sac de blé et le pain. Le soc est dans sa veste. Il passe près d'une rivière, il se regarde dans l'eau.

PANTURLE

Pourvu qu'elle me reconnaisse!

Il s'en va sur la route.

CHEZ ARSULE

Elle a mis le couvert. Elle a allumé la lampe. Elle attend. On entend un pas. Son visage s'éclaire. La porte s'ouvre. Panturle entre.

ARSULE

Je croyais de jamais te revoir!

Panturle s'approche. Il pose un baiser sur son front, puis il recule et il dit.

PANTURLE

Tu m'as vu?

ARSULE

Je t'ai pas vu, mais je t'ai senti. Viens près de la lumière. *(Elle prend la lampe, elle examine Panturle, qui baisse la tête.)* Lève un peu la tête! *(Il lève la tête.)* Ça me fait plaisir.

PANTURLE

Pourquoi?

ARSULE

Parce que c'est plus doux, c'est plus fin...
embrasse-moi.

Il lui donne un autre baiser.

PANTURLE

Regarde ça.

*Il montre deux grands pains. Il les pose sur la
table.*

ARSULE *(les regarde, les touche,
puis elle murmure)*

Notre Père qui êtes aux cieux. Donnez-nous
aujourd'hui notre pain quotidien...

PANTURLE

Qu'est-ce que tu dis?

ARSULE

Rien. Je remercie...

Elle a de grosses larmes sur la figure.

PANTURLE

Et tu n'as pas tout vu. Regarde. *(Dans le sac il
prend une poignée de grain.)* Regarde.

ARSULE

C'est du blé?

PANTURLE

C'est du blé! Et il est beau... Je vais le semer, quand j'aurai labouré. Et maintenant regarde.

ARSULE

Encore!

PANTURLE

Encore. Ça, c'est le plus beau.

Il montre le soc, il le pose sur la table près de la lampe.

PANTURLE

C'est un soc. Le dernier de Gaubert. Un soc.

Il le prend, il le met devant sa poitrine, la pointe en avant. La flamme de la bougie danse sur l'acier. Arsule regarde longuement.

ARSULE

On dirait un devant de barque!

LA COUR DE LA FERME DE L'AMOUREUX

L'Amoureux finit d'atteler le mulet devant le cheval. Sur la charrette, il y a six beaux sacs de blé et le bât du mulet. Derrière la charrette, la Caroline est attachée. Alphonsine paraît sur la porte avec deux bouteilles de vin.

ALPHONSINE

Tiens! Celle-là, c'est pour toi, et l'autre, c'est pour la femme de Panturle.

L'AMOUREUX

Bon.

ALPHONSINE

Et dis-lui qu'il faudra nous l'amener un jour, pour qu'on voie comment elle est faite...

L'AMOUREUX

Bon.

Il prend le mulet par la bride et dit les mots habituels. La charrette se met en marche et s'éloigne.

DEVANT LA MAISON DE PANTURLE

Panturle serre les derniers boulons de la charrue. Puis il crie.

PANTURLE

Arsule!

ARSULE

Quoi?

PANTURLE

Viens voir!

Arsule sort. Elle s'approche.

Regarde.

Tous deux regardent, en silence, la charrue.

PANTURLE

Avec ça! Tu vas voir, avec ça! *(Un silence.)*
Maintenant, il faut aller à Reine-Porque, pour prendre les sacs de blé.

A REINE-PORQUE

L'Amoureux arrive. Il arrête l'attelage. Il regarde
autour de lui. Il se met à rouler une cigarette avec un
paquet de gris. Tout à coup, il lève la tête, parce qu'il
a entendu rouler des pierres.
On voit Arsule et Panturle qui arrivent sur la colline
et qui descendent.

PANTURLE

Bonjour, l'Amoureux!

L'AMOUREUX

Bonjour, la compagnie! Oh dis, Panturle, tu as
changé!

PANTURLE *(sourit, tout heureux)*

Tu vois *(il montre Arsule)*, ça c'est ma femme.

L'AMOUREUX *(il la regarde en souriant)*

Ça me fait plaisir.

PANTURLE *(à Arsule)*

Ça, tu vois, c'est un ami. Oh oui, c'est un ami.

L'AMOUREUX

Il faudra un peu venir à la maison, tous les deux...
Ça fera plaisir à Alphonsine...

ARSULE

Ça me fera bien plaisir aussi. Je voudrais tellement la remercier pour les deux grands pains de l'autre jour...

L'AMOUREUX

Ce n'est rien... Ce n'est rien...

Il commence à dételer le mulet.

ARSULE

Il faudra qu'elle m'apprenne à pétrir... Et les deux premiers pains que je ferai avec notre blé, ça sera pour elle.

L'AMOUREUX

Bien volontiers... Ça, avec plaisir... Nous les mangerons de bon cœur.

L'Amoureux dételle le mulet.

PANTURLE

Mais qu'est-ce que tu fais? Tu dételles?

L'AMOUREUX

Je vais te dire : le mulet ne fait rien ces temps-ci et il reste à l'écurie. Alors j'ai pensé qu'il pourrait te rendre service, quand ça ne serait que pour monter les sacs jusqu'à ta montagne. Alors, j'ai porté aussi le bât.

PANTURLE *(à Arsule, fièrement)*

Tu le vois, ça, si c'est un ami? Tu le vois? *(Il l'aide à charger le mulet.)*

L'AMOUREUX

Il en porte deux, tu en portes un. En deux voyages, vous avez fini. *(Il détache alors la chèvre et la rend à Panturle.)* Et pour la Caroline, le berger m'a dit que ça serait bon : ça lui a changé tout le caractère.

DANS LE JARDIN DE GAUBERT

Devant la petite maison de Jasmin, le père Gaubert est assis au soleil, dans un vieux fauteuil. Il a toujours les mains mortes croisées sur sa canne. Près de lui, Jasmin arrose une plate-bande de salades.

GAUBERT

Je me rappelle pas si je te l'ai dit. Mais il y a le Panturle qui va faire du blé!

JASMIN

Là-haut?

GAUBERT

Oui, là-haut. Il a déjà commencé, peut-être.

JASMIN

Oui, nous sommes en février... Il doit commencer... Quoique, là-haut, ça peut attendre...

GAUBERT

Tu en as vu, toi, du blé là-haut?

JASMIN

Oui, j'en ai vu avant de partir au régiment. Mais

on n'en faisait plus guère... Il n'y avait que l'Onésime Bus qui semait encore... Ça a été le dernier... Ça ne se vend plus guère, le blé...

GAUBERT

Bien sûr, ça se vend moins que les canons et, pourtant, c'est plus serviciable... Les hommes sont devenus fous...

DANS LE CHAMP

Panturle marche devant. Il porte un sac sur la tête. Derrière lui, Arsule mène le mulet par la bride. Le mulet porte deux sacs sur le dos. Soudain Panturle s'arrête. Les bras en croix, il barre la route à Arsule.

PANTURLE

Ne passe pas là. Fais le tour, Arsule...

ARSULE

Qu'est-ce qu'il y a?

PANTURLE

Rien. Un piège à renard... Passe par là. Je te rattrape...

Arsule fait un détour et s'éloigne avec le mulet. Panturle se penche sur les herbes.
On voit des lambeaux d'étoffe noire, un vieux soulier tordu, des ossements blanchis par le soleil. Il se relève pensif.
Il rattrape Arsule, ils s'en vont tous les deux à la maison.

DANS LA CUISINE

Maintenant, dans la grande cuisine, Arsule attise le feu.

Contre le mur, il y a déjà deux sacs de blé : Panturle entre et pose le troisième à côté.

PANTURLE

Maintenant nous sommes une vraie maison. Bientôt, nous serons une ferme... Tu entends le mulet dans l'écurie?

ARSULE

Oui... Ça tient compagnie...

PANTURLE *(il s'assoit près du feu. Elle vient sur son genou)*

Il y en a une d'ici qui aurait eu plaisir à nous voir ensemble...

ARSULE

Qui?

PANTURLE

Une vieille. On y disait la Mamèche.

ARSULE

Celle du Piémontais qui est au fond du puits?

PANTURLE

Oui, celle-là. Elle était tout le temps à me dire : « Prends femme, prends. » Et même, elle m'avait dit : « Si tu veux, je vais te la chercher. » Et à la fin, elle y est allée...

ARSULE

Et alors?

PANTURLE

Elle y est allée, et elle y est morte.

ARSULE

Qui te l'a dit?

PANTURLE

Je l'ai vue, tout à l'heure, sur le plateau. Enfin, tout ce qui reste d'elle, et puis des morceaux de sa robe.

ARSULE

C'est ça que tu m'as fait courir?

PANTURLE

Oui, c'est ça.

ARSULE

Et c'est sur le plateau qu'elle te cherchait une femme?

PANTURLE

Je ne sais pas. Je ne comprends pas.

ARSULE

Moi, je comprends... Ecoute... Cette femme, c'était pas une grande, toute noire, avec de longs bras qui faisaient beaucoup de gestes?

PANTURLE

Oui, c'est ça.

ARSULE *(avec une grande émotion)*

Eh bien, si je suis venue ici au printemps, c'est parce que quelque chose nous a poussés vers ce pays, hors de notre route. Et ce quelque chose, c'était la peur... C'était elle qui faisait du bruit dans les ruines, c'est elle qui se dressait dans les herbes... Ecoute : c'est moi qu'elle est allée chercher...

PANTURLE

C'est bien comme ça...

ARSULE

Ecoute, puisqu'elle est allée me chercher, il faut que j'aille la chercher, moi aussi... Il faut que ça soit moi qui la ramène ici...

PANTURLE

Je voulais le faire, mais sans te le dire. J'avais peur que ça te fasse impression.

ARSULE

La pauvre... Viens, on y va.

DANS LA COLLINE,
PUIS SUR LE PLATEAU

Arsule marche devant Panturle. Elle porte une vieille croix rouillée, trouvée sans doute dans les ruines de l'église. Ils s'approchent de l'endroit où la Mamèche est morte. Panturle se baisse. Arsule est restée loin de lui, et nous ne regardons plus qu'elle. Elle attend, elle prie. Enfin, elle se tourne, elle s'en va. Nous la suivons. Derrière elle, le pas de Panturle fait rouler les pierres. Arsule monte la colline. Elle arrive près du grand puits, au sommet du village. On entend la voix de Panturle qui dit : « Arrête-toi. *» Elle s'arrête.*

On entend grincer la porte de fer.

ARSULE
Qu'est-ce que tu veux faire?

On entend une chute dans l'eau, puis le grincement de la porte qu'on referme. Arsule s'approche, on voit Panturle qui dit doucement.

PANTURLE
C'est là qu'elle aurait voulu être. Parce que, au fond, il y a le sien.

Arsule pose la croix contre la porte et elle s'en va, pensive, au bras de son homme.

TROISIÈME PARTIE

ET CE FUT L'ÉTÉ

Quelques mois se passent et voici sur les routes la poussière de juillet. Un petit car passe au grand soleil. Derrière le car est attachée la baraque du rémouleur. Sur le marchepied de l'arrière, le rémouleur lui-même est assis et il tient sa baraque par les brancards.

Dans le car, il y a M. Astruc, le courtier en blé, et quelques paysans qui bavardent. M. Astruc, c'est un beau ventre, plié dans un gilet double, avec une chaîne de montre qui attache tout, et c'est sur deux petites jambes.

L'ONCLE JOSEPH

Ah... Cette année, par exemple!

VALIGRANE

Ça a fait ça, aussi, chez vous?

L'ONCLE JOSEPH

Oh pauvre! Un blé minable, misérable... D'habitude, on en avait cinquante charges. Cette année, on en aura peut-être cinq, et du mauvais. Avec dix fois plus de travail... Et plus pénible que d'habitude...

M. ASTRUC

Chez vous, peut-être. Mais ailleurs?

BALTHAZAR

Le pauvre M. Astruc, peuchère, il ne gagnera pas beaucoup, cette année, sur le dos des paysans!

M. ASTRUC

Pourquoi dis-tu ça, Balthazar? Si je ne venais pas l'acheter, votre blé, vous ne sauriez pas le vendre. Vous n'en tireriez jamais le prix que je vous en donne!

CABANIS

Oui, on sait que vous y perdez certainement, comme tous les courtiers en blé...

M. ASTRUC

Parfaitement. Ça m'arrive souvent, d'y perdre.

BALTHAZAR

Eh bien alors, soyez content, monsieur Astruc... Cette année, vous ne perdrez pas beaucoup! Parce que du blé, il n'y en a pas.

M. ASTRUC

Et vous croyez que c'est pareil partout?

BALTHAZAR

Ça, vous pouvez le dire... A Reillanne, à Forcalquier, à Manosque... On a voulu faire de ce blé du Canada. Et puis tu vois, maintenant.

M. ASTRUC

C'est vrai qu'il y a eu le gros orage.

BALTHAZAR

Oui, il y a eu le gros orage. Mais si on avait fait du blé de notre race, du blé habitué à la fantaisie de notre terre et de notre saison, il aurait peut-être résisté... Tu sais, l'orage couche le blé. Bon, une fois. Mais il faut pas croire que la plante, ça ne raisonne pas. Ça se dit : « Bon, on va se renforcer. » Et petit à petit, ça se durcit la tige et ça tient debout, à la fin, malgré les orages. Ça s'est mis au pas. Mais si tu écoutes ces beaux messieurs avec les livres : « Mettez de ci, mettez de ça, oh, ne faites pas ça! » En galère! Voilà ce qui t'arrive!

GÉDÉMUS *(les yeux fermés)*

Celui qui parle est un ennemi du progrès.

BALTHAZAR

Le progrès? Qu'est-ce que c'est, le progrès? C'est de faire cinq charges de blé d'Amérique au lieu de cinquante charges de blé de France?

GÉDÉMUS

Le progrès, c'est d'aller de l'avant, d'essayer autre chose. Moi, évidemment, je serais plutôt dans la mécanique et l'industrie, et la science, c'est le progrès. Mais le progrès – moi, c'est l'instituteur de Banon qui me l'a dit – le progrès est un peu « comme une divinité insatiable qui dévore ses enfants avant de leur servir à quelque chose ». Voilà ce que c'est.

M. ASTRUC

Et où tu vas, toi, l'industriel?

GÉDÉMUS

Je vais où vous allez. A la foire de Manosque, pour repasser les couteaux, ciseaux, rasoirs, serpes, haches, faucilles et tous les instruments tranchants. Il y aura du monde?

BALTHAZAR

Oui, et même on peut dire que, par malheur, il y aura plus de gens que de sacs de blé.

Les paysans descendent sur la route, avec quelques sacs sur les charrettes.

SUR LA PLACE

Nous arrivons à la foire de Manosque. Carrousels, marchands de nougats et de berlingots. Marchands de cotonnades, etc. On suit M. Astruc qui se promène en s'épongeant le front. Il va s'asseoir à la terrasse d'un café.

M. ASTRUC

Et alors?

LES CONSOMMATEURS

Alors. *(Un geste évasif.)*

M. ASTRUC

Et qu'est-ce qu'il faut faire?

UN CONSOMMATEUR

Attendre l'an prochain!

M. ASTRUC

Si c'est tout ce que tu trouves comme remède!

UN AUTRE

Et quoi faire?

*Soudain, fendant la foule en courant arrive Jérémie.
Il cherche du regard à la terrasse, il découvre M. Astruc. Il s'avance, il se plante devant lui, joyeux.*

JÉRÉMIE

Monsieur Astruc, vous voulez du blé?

UN CONSOMMATEUR

Du blé?

M. ASTRUC

Et où tu en as vu, toi, du blé? Y en a pas dix
grains de propres!

JÉRÉMIE

Mais sûr, j'en ai vu vingt sacs, et du beau.

M. Astruc le regarde, très intéressé.

Donnez-moi une cigarette.

M. Astruc sort son paquet.

M. ASTRUC

Où c'est?

Jérémie prend quatre ou cinq cigarettes.

JÉRÉMIE

Je vous en prends deux.

M. ASTRUC

Bon. Et qu'est-ce que tu bois?

JÉRÉMIE

Rien. J'ai déjà trop bu. Mais, si vous faites l'affaire, vous me donnerez quelque chose. Je pouvais aussi bien aller voir M. Claude, mais j'ai pensé à vous d'abord. Donnez-moi du feu.

M. ASTRUC *(il tire un beau briquet, il donne du feu à Jérémie)*

Où c'est, puisque personne ne l'a vu?

JÉRÉMIE

C'est pas sur le marché au blé. C'est là-bas, derrière les chevaux de bois, à un endroit que d'habitude on y met les mulets. Y en a un qui est là, avec ses sacs devant lui. Il ne dit rien à personne. Il est là. Il regarde, il attend. Je lui ai dit : « Hé, qu'est-ce que tu as? – Du blé », il m'a dit. Et le plus curieux c'est que c'est vrai. Vous savez, monsieur Astruc, je m'y connais, vous le savez... C'est pas la première fois... Eh bien, je suis sûr que du blé comme ça, vous n'en avez jamais vu. Venez.

M. ASTRUC *(il se lève)*

Agathange, je reviens. Fais servir des bocks. *(Il suit Jérémie. Cinq ou six consommateurs se lèvent et les suivent. Ils traversent la foire.)*

Jérémie crie : « Laissez passer! Laissez passer! »
Puis il voit un ami et il crie : « Clarius, tu as vu le blé
derrière la foire? »

CLARIUS

Non, je l'ai pas vu.

JÉRÉMIE

Viens vite le voir, que de ta vie tu en verras!

CLARIUS

Oh, par exemple! Par exemple!

Tous s'en vont vers Panturle qu'on voit au fond
d'une place déserte, sous un platane. Devant lui, bien
rangés, la gueule ouverte, il y a ses sacs de blé. Auprès
de lui, Arsule, toute petite, se serre contre lui. Immo-
biles, mais inquiets, ils attendent l'acheteur et regar-
dent venir cette foule qui s'avance.
M. Astruc s'arrête devant les sacs. Il regarde le
blé.

M. ASTRUC

Ça, alors! Ça!

JÉRÉMIE

Ça, c'est un blé de l'ancien temps.

M. Astruc prend une poignée de blé, la regarde, la
flaire, la fait couler.

M. ASTRUC

C'est lourd comme du plomb à fusil.

JÉRÉMIE

Et propre! Regardez : pas une balle. C'est pas une chose qu'on voit tous les jours...

M. Astruc reprend une autre poignée de blé. On entend une voix qui dit : « Touchez pas. » M. Astruc lève les yeux.

PANTURLE

Touchez pas. Si c'est pour acheter, ça va bien. Mais si c'est pour regarder, regardez avec vos yeux.

M. ASTRUC

C'est pour acheter, bien sûr.

ARSULE

Alors, vous pouvez le toucher.

M. Astruc reprend du blé. Il en croque quelques grains.

M. ASTRUC

Où tu as eu ça?

PANTURLE

A Aubignane.

M. ASTRUC

C'est pas battu à la machine?

PANTURLE

C'est battu avec ça. *(Il montre ses grandes mains, qui sont blessées par le fléau et, comme il les ouvre, ça fait craquer les croûtes et ça saigne. Arsule prend sa main et la referme.)*

ARSULE

Ferme tes mains. Ça saigne.

Elle lui ferme les mains.

M. ASTRUC

Et toi, tout seul, tu as fait ces vingt sacs?

ARSULE *(fièrement)*

C'est pas tout là. Il en a fait trente.

UN PAYSAN

Celui qui a fait ça, il n'est pas manchot.

UN AUTRE

Ça, alors! Et cette année, surtout!

M. ASTRUC *(enthousiaste)*

Et toutes les années, tu peux dire, toutes les années! C'est un blé de concours, ça. Je n'ai jamais vu le pareil. *(A Panturle.)* Je te prends les trente sacs.

PANTURLE

Non. Les dix autres, je les garde.

M. ASTRUC

Et qu'est-ce que tu veux en faire?

PANTURLE

Ma femme aime le bon pain.

M. ASTRUC

Vous n'allez pas manger dix sacs!

PANTURLE

Cinq seulement.

ARSULE

Les cinq autres, nous les devons.

M. ASTRUC

On t'a prêté la semence?

PANTURLE

Trois sacs de semence – et deux autres que je lui dois, parce que, à un moment que j'en avais besoin, il m'a donné deux pains de sa terre. Alors, je lui rends deux sacs de la mienne.

M. ASTRUC

Tu les rends gros, les pains qu'on te prête!

ARSULE *(avec ferveur)*

Les pains qu'on vous prête, on les rend jamais assez gros.

PANTURLE

Et puis, c'est pas tout ça. A quel prix, les vingt sacs?

M. ASTRUC

Cent trente francs.

UN PAYSAN

Pas plus que ça?

M. ASTRUC *(qui redevient brusquement commerçant)*

Comment pas plus? Mais dites, c'est un prix, cent trente francs! Le blé ordinaire, cette année, on le paye cent dix! Celui-là est très beau, d'accord, c'est moi qui l'ai dit le premier. Mais enfin, ce n'est pas de l'or!... Si on vous écoutait, vous autres! Alors, cent trente, et c'est d'accord.

PANTURLE

Cent cinquante.

M. ASTRUC

Cent cinquante?

PANTURLE *(impassible)*

Oui. Je sais que c'est pas de l'or. J'en veux cent cinquante.

M. Astruc réfléchit une seconde. Il tâte encore une poignée de blé. L'orgue du carrousel se déchaîne. M. Astruc crie.

M. ASTRUC

Bon! Je les prends! Mais alors, les trente sacs!

PANTURLE *(il crie)*

Non! C'est vingt sacs, et pas plus. Je te l'ai dit : les autres, je les garde! Ça va?

M. ASTRUC *(il crie)*

Ça va! *(Ils topent.)*

Et maintenant, derrière les baraques de la foire, on entend les musiques. Il y a Panturle et Arsule. Ils se tiennent enlacés. Ils se sourient l'un à l'autre, simplement.

PANTURLE

Tu es contente?

ARSULE

Je serais difficile.

PANTURLE

Ça en fait de l'argent, ça!... Combien il a mis sur le reçu?

ARSULE

Trois mille francs!

PANTURLE

Trois mille francs! J'ai jamais vu ça. *(Il sort la poignée de billets.)* C'est pas gros et c'est jamais que du papier... On doit moins suer à faire de l'argent qu'à faire du pain...

ARSULE

Oui, mais avec l'argent, on peut tout acheter. Tiens, on va aller à ce magasin qu'on a vu tout à l'heure. Ça s'appelle *Au Gaspilleur*. Je vais t'acheter une paire de pantalons et une veste avec des boutons de chasseur, tu sais?

PANTURLE

Et toi?

ARSULE

Oh... Allez, viens.

200

PANTURLE

Si tu t'achètes rien, moi non plus.

ARSULE

Mais moi, je verrai.

PANTURLE *(têtu)*

Tu verras rien du tout. Il faut commencer par toi, autrement je ne veux rien.

ARSULE

Et moi non plus.

PANTURLE

Qui est-ce qui commande, dans un ménage?

ARSULE

C'est l'homme. Et il commande pour tout, mais pas pour ça.

PANTURLE *(buté)*

Moi, je veux commander pour ça: et voilà tout.

ARSULE

Tu as bien mauvais caractère depuis que tu es riche.

PANTURLE

Pourquoi tu dis que je suis riche? Parce que j'ai ton argent dans la poche?

ARSULE

Et pourquoi tu dis que c'est mon argent? Est-ce que c'est moi qui ai fait le blé?

PANTURLE

Mais naturellement que c'est toi.

ARSULE

C'est moi qui ai mené la charrue?

PANTURLE

Non, tu n'as pas mené la charrue et tu n'as pas frappé avec le fléau. Mais le premier grain de blé, c'était toi.

Il la prend dans ses bras, il l'embrasse. Puis il lui prend le poignet et il dit : « Viens! » Il l'entraîne.

AU COIN DE LA PLACE

Devant le boucher, Gédémus aiguise de grands couteaux. Le boucher le regarde faire.

GÉDÉMUS

Ce n'est pas bien de me regarder faire. On dirait que vous me surveillez.

LE BOUCHER

On aurait raison de le dire. Je vous surveille parce que j'aime mes couteaux. Un jour, je les avais confiés à un rémouleur qui était un peu ivrogne... et j'avais un couteau favori, un couteau pour l'aloyau...

GÉDÉMUS

Oui, le plus grand...

LE BOUCHER

Le plus grand et le plus beau. Et c'était un couteau réussi. Il coupait avant de toucher.

GÉDÉMUS

Ça, c'est plutôt rare.

LE BOUCHER *(vexé)*

Vous me croirez si vous voulez.

GÉDÉMUS

Et justement, je ne veux pas. Et alors, ce couteau?

LE BOUCHER

Je ne l'ai plus.

GÉDÉMUS

Et alors, maintenant, vous êtes forcé de toucher pour couper, depuis que vous avez perdu ce couteau enchanté. Mais pourquoi vous ne l'avez plus?

LE BOUCHER

Parce que ce rémouleur – ivrogne – s'est endormi en l'aiguisant. Et il a continué, tout en dormant, à l'aiguiser.

GÉDÉMUS *(sceptique)*

Et en dormant il poussait la pédale?

LE BOUCHER *(triste)*

Il avait un moteur.

GÉDÉMUS

Ayayaïe!

LE BOUCHER

Quand je suis revenu, le couteau n'avait plus que le manche.

GÉDÉMUS

Monsieur, voulez-vous l'avis d'un professionnel?

LE BOUCHER

Oui.

GÉDÉMUS *(en confidence)*

Ce n'était pas un rémouleur.

LE BOUCHER

Certainement.

GÉDÉMUS

Ici, monsieur, ce n'est pas le cas. Vous avez affaire à un homme qui connaît son métier, qui le connaît à fond. Monsieur, j'ai aiguisé des rasoirs, des haches, des cognées, des hachoirs, des ciseaux, des aiguilles. J'ai aiguisé la barre à mine, la serpe du vigneron et les lames des faucheuses. Il n'y a qu'une chose que je n'ai pas aiguisée : c'est le couperet de la guillotine : on ne me l'a jamais demandé.

LE BOUCHER

Ça vous aurait fait plaisir?

GÉDÉMUS

Oui, monsieur. Pour une question de philanthropie. Parce que je l'aurais si bien affilé, du bout le plus exquis de ma pierre à huile, que le pauvre condamné à mort n'aurait absolument rien senti; et que, dans sa dernière seconde de vie, il ne se serait

pas dit : « On me décapite », mais il aurait pensé :
« Je perds la tête. »

LE BOUCHER *(placide)*

Ça revient au même.

GÉDÉMUS

Non, pas du tout. Mais enfin, vous n'êtes pas un
industriel du rémoulage. Ecoutez ce que je vais vous
dire : si vous me donnez une plume à vaccin, vous
savez, ces plumes tranchantes, qu'à l'école on vous
fait trois raies sur le bras?

LE BOUCHER

Oui.

GÉDÉMUS

C'est petit, hein?

LE BOUCHER

Oui, c'est petit.

GÉDÉMUS

Eh bien, monsieur, je vous l'aiguiserai si bien que
cette plume, – pourvu que vous lui mettiez un
manche, – vous couperez un arbre avec. Et sans
frapper fort.

SUR LA GRANDE PLACE

*Panturle et Arsule sortent de chez le Gaspilleur.
Panturle a un nouveau costume en velours, à martin-
gale. Il a un chapeau neuf, des souliers neufs. Arsule*

aussi a une robe neuve et des souliers neufs. A la main,
ils portent diverses acquisitions : deux couvertures en
laine, un faitout, un gros panier à tringle, une pierre à
aiguiser, une bêche, une faucille, une casserole. Ils se
regardent tous les deux en riant, au comble de la
joie.

PANTURLE *(subitement inquiet)*

Au moins, il nous en reste, des sous?

ARSULE

Que tu es bête! J'ai dépensé quatre cents francs!

PANTURLE

En tout?

ARSULE

En tout.

PANTURLE

C'est pas cher.

ARSULE

C'est pas cher si on pense à l'argent. C'est cher si
on pense au blé que tu as donné et à la peine.

Elle lui prend la face à deux mains, elle l'em-
brasse.

PANTURLE

Oh, ma peine, ça ne compte pas...

ARSULE

Tu vois comme tu es bête. Pour moi, il n'y a que
ça qui compte... Maintenant, écoute. *(Elle montre*

une pièce de dix francs.) Cette pièce de dix francs, tu me la donnes?

PANTURLE

Eh, bestiasse, je t'ai tout donné! C'est tout à toi.

ARSULE

Non, c'est pas à moi, c'est à nous. Mais celle-là, je la veux pour moi. Pour moi seule. Tu me la donnes?

PANTURLE

D'accord.

ARSULE

Bon. Alors, attends-moi ici. Pose tes paquets.

PANTURLE

Non, non, je les garde.

Arsule s'en va, légère et joyeuse. Elle descend une rue, puis une autre. Elle lit les enseignes des magasins. Elle cherche quelque chose. Elle arrive, les yeux en l'air, près de la baraque de Gédémus, qu'elle n'a pas vu. Il la regarde, son œil s'éclaire. Il s'écrie : « Arsule! »

Elle a peur d'abord. Mais elle se ressaisit tout de suite. Elle passe sans le regarder. Il la suit, et dit encore : « Arsule! »

ARSULE

Qu'est-ce que vous me voulez? Sûrement, vous vous trompez de personne.

GÉDÉMUS

Par exemple!... Alors, je vous demande pardon...

Mais quand même, alors, ça serait trop fort... Plus je vous regarde et plus je me demande si c'est toi ou si c'est vous... Vous êtes peut-être sa sœur?

ARSULE

Je n'ai pas de sœur.

GÉDÉMUS

Vous ne me connaissez pas?

ARSULE

Il me semble que je vous ai vu.

GÉDÉMUS

Gédémus, le rémouleur, couteaux, ciseaux, rasoirs...

ARSULE

Je n'ai rien à faire aiguiser.

GÉDÉMUS

Regardez-moi : « Ça fait hop! Ça fait hop! Ça vient de faire hop! » Ça ne vous dit rien? Tu as peur que je te fasse du mal?

ARSULE

Je n'ai peur de personne, j'ai mon homme pour me défendre.

GÉDÉMUS

Excusez-moi si je me suis trompé, mais, tout de même, de passer pour un imbécile... Et que vous me disiez que tu n'es pas toi...

ARSULE

Qu'est-ce que vous vouliez lui dire à cette femme?

GÉDÉMUS

Lui parler du temps passé... Lui rappeler nos longues promenades avec la baraque qui nous suivait gaiement...

ARSULE

Elle vous suivait toute seule?

GÉDÉMUS

Ah ça, non... Tire, pousse, pousse, tire, tire, pousse.

ARSULE

Tire, tire, tire... Qui c'est qui tirait?

GÉDÉMUS

Hum... Chacun sa part. Et puis, le soir au bivouac, la soupe... Et puis le noyé... Et puis les gendarmes... C'était le bon temps, et ce temps-là, je le regrette.

ARSULE

Et, malgré ce bon temps, elle vous a quitté?

GÉDÉMUS

Eh oui. Malgré la bonne soupe que je lui donnais...

ARSULE

Elle vous la faisait, quand même, la soupe?

GÉDÉMUS

Mal.

ARSULE *(outrée)*

Comment, mal?

GÉDÉMUS

Ah! Tu vois bien que c'était vous!

ARSULE

Non, c'était une autre. Et cette autre, qui vous a quitté, si vous l'aviez aimée, elle vous aurait aimé peut-être... Elle ne serait pas partie. Ou alors, elle serait revenue...

GÉDÉMUS

Et alors, vous pensez que si elle n'est pas revenue, c'est parce qu'elle ne veut pas revenir?

ARSULE

Si c'était pour moi, je penserais comme ça.

GÉDÉMUS

Et pourtant, j'ai failli être guillotiné pour elle. Ça compte, ça, dans une histoire d'amour. Guillotiné, dites, un rémouleur!... Si elle le savait, que j'ai été arrêté par les gendarmes, interrogé, enfermé, enchaîné, sur la paille humide du cachot! On m'accusait de l'avoir assassinée!

ARSULE

Et vous, vous croyez que ce n'était pas vrai?

GÉDÉMUS

Quoi? Que je l'ai assassinée?

210

ARSULE

Pas tout à fait, peut-être; mais vous, au fond, vous aviez commencé...

GÉDÉMUS

Tout ce que je lui ai fait de mal, c'est de l'atteler à la baraque...

ARSULE

C'était un bon commencement... Adieu, monsieur Gédémus. Mon homme m'attend et je languis de lui.

Elle s'en va sans se retourner.

GÉDÉMUS

C'est elle, mais elle a beaucoup changé. Alors, si elle a tellement changé, c'est peut-être pas elle. C'est peut-être une autre qui n'a pas changé du tout.

Au coin de la rue, Arsule entre en courant au bureau de tabac.

DEVANT LA POSTE

Panturle attend. Il paraît anxieux, debout au bord du trottoir, au milieu de ses provisions et de ses paniers. Tout à coup, sa figure s'éclaire. Arsule arrive. Panturle l'embrasse sur le front.

On entend une charrette qui s'arrête, puis la voix ironique de l'Amoureux.

L'AMOUREUX

Oh dites! Vous n'avez pas honte de faire ça dans la rue?

ARSULE

Et à qui ça fait du tort?

L'AMOUREUX *(il admire le costume de Panturle)*

Oh coquin de sort! Tu sembles un maire.

PANTURLE

Tu sais, à Aubignane, il n'y a pas beaucoup d'électeurs!

L'AMOUREUX

Tu as bien vendu, d'après ce que je vois?

ARSULE *(avec une immense fierté)*

Trois mille francs.

L'AMOUREUX

C'est pour du bon?

PANTURLE

Mais oui. Elle a les sous.

L'AMOUREUX *(au comble du bonheur)*

Ça me fait plaisir... Dis donc. une chance comme ça. ça s'arrose...

PANTURLE

Ça s'arrose avec quoi?

L'AMOUREUX

Tu n'as pas envie de boire l'apéritif?

PANTURLE

L'apéritif? A moi? Oh que non! Dieu garde que j'aille m'asseoir au milieu du monde! Ces gens, et ces pétards, et cette musique, ça me fait un zonzon qu'à l'endurer, je deviendrais fou. Merci, l'Amoureux. Tu es bien gentil de me l'offrir, mais l'apéritif ça n'est pas pour moi...

ARSULE *(qui rit)*

Mais ce n'est pas à lui de te payer à boire! C'est toi qui as le beau costume : c'est à toi d'inviter les amis!

L'AMOUREUX

Parbleu! C'est comme ça que ça se fait!

PANTURLE

Ah bon! Alors, je veux bien. Seulement, j'ai une commission à faire, une commission importante. Alors, vous allez m'attendre au café. Je reviendrai dans un moment.

ARSULE

Tu vas m'acheter quelque chose?

PANTURLE

Non. Tu vois comme je suis brute : j'y ai même pas pensé. Mais toi, tu peux t'acheter tout ce que tu voudras : tu as les sous. Alors, à quel café je vous trouve?

L'AMOUREUX

A celui qui fait le coin de la grande place. Le doré.

PANTURLE

Bon. Je quitte tout ça là.

Il charge tous ses paquets sur la charrette de l'Amoureux.

ARSULE

Qu'est-ce que c'est que tu vas faire?

PANTURLE

Je vais faire un plaisir à quelqu'un.

Il s'en va. Arsule le regarde partir.

ARSULE

N'est-ce pas qu'il est beau, mon homme?

L'AMOUREUX

Oui, il est beau. Mais toi, tu sais, tu n'es pas
vilaine! Avec une robe pareille, ça me fait honneur
de te mener au café! Allez zou!

*L'Amoureux offre son bras à Arsule. De l'autre
main il prend la bride du mulet et ils descendent tous
deux vers la foire et ses musiques.*
*Panturle suit une petite rue. Il marche d'un pas
rapide et, soudain, il rencontre Jasmin.*

JASMIN

Oh. Panturle! Où tu vas comme ça?

PANTURLE

J'allais chez toi. pour voir ton père.

Et le pauvre, il s'en va. Il ne souffre pas, heureusement, mais il s'en va. On n'y peut rien, tu me comprends. Il parle à peine, et d'un seul côté de la bouche... Ça me fait de la peine, tu sais, et je donnerais cette main pour qu'il vive six mois de plus... Mais dans l'état qu'il est, moi, je me languis qu'il soit mort.

PANTURLE

Je peux le voir quand même? Il me reconnaîtra?

JASMIN

Oh, pour ça oui, il te reconnaîtra... Il n'a pas perdu le bon sens. Viens avec moi. *(Ils s'en vont le long de la petite rue. Jasmin parle à voix basse, tristement.)* Il n'est plus dans la salle à manger... J'ai été obligé de le mettre au premier... A cause des enfants, tu comprends... Ça pouvait les impressionner.

LA CHAMBRE DE GAUBERT

Gaubert repose, les yeux clos. Il est d'une effrayante maigreur. On entend le pas de Panturle et de Jasmin qui montent l'escalier. Tous deux viennent se ranger devant le lit. Panturle parle à voix basse.

PANTURLE

Gaubert... Tu m'entends? C'est moi, c'est Panturle. C'est ton ami.

Gaubert ouvre les yeux, regarde un moment, et sourit faiblement.

JASMIN

Tu vois, il te reconnaît.

PANTURLE

Gaubert, je suis venu pour te voir pour une chose importante. Une chose grave. Une chose qui te fera plaisir... Là-haut, le blé que je t'avais dit, je l'ai fait, le voilà.

Il sort une poignée de blé de sa poche. Le vieux Gaubert regarde intensément. Gaubert murmure : « Fais-le-moi voir de près. »
Panturle approche le blé de la figure de Gaubert, qui s'éclaire d'un pâle sourire. Puis, avec un grand effort, il dit :

GAUBERT

Fais-le-moi toucher.

Panturle prend la main de Gaubert. Il l'ouvre, il la remplit de grains. Il ferme les doigts inertes sur le blé.

GAUBERT *(dans un souffle)*

Tu lui diras merci. Tu l'embrasseras pour moi.

PANTURLE

Qui ?

GAUBERT

Elle. Celle du blé.

QUATRIÈME PARTIE

REGAIN

DANS LE CHAMP

Panturle laboure seul, sous un grand ciel. Le cheval de l'Amoureux tire la charrue. Soudain, Panturle regarde au loin et il arrête le cheval. On voit Jasmin qui s'avance dans son uniforme des chemins de fer.

PANTURLE

Tiens! Jasmin!

JASMIN

Bonjour, Panturle! Alors, ça se fait bien?

PANTURLE

Ça ne se fait pas seul, mais pas mal tout de même. C'est le défonçage qui a été dur... Au second passage, ça va mieux... Et par quel hasard tu viens chez nous?

JASMIN

Figure-toi que, hier, en rangeant une armoire, la Belline a trouvé une grosse enveloppe, pliée dans un papier journal. Et là-dedans, il y avait le testament du père, avec quinze mille francs. *(Panturle siffle d'admiration.)* Et puis il y avait de vieux actes de notaires, avec des plans, tu sais, des choses du cadastre... D'après ces papiers, le père me laisse de grandes pièces de terre, celles de son père à lui...

PANTURLE

C'est vers Reillanne, en plein midi... C'est de la terre aussi riche qu'ici.

JASMIN *(il en prend une poignée)*

Celle-là est belle, tu sais!

PANTURLE

Elle est belle, elle est profonde, elle est reposée... C'est de la terre qui peut nourrir du monde...

JASMIN

Combien ils t'ont donné, pour ton blé?

PANTURLE

Trois mille francs. Et j'ai gardé cinq cents kilos pour moi; et j'en avais pas fait beaucoup, tu comprends : c'était pour essayer. Cette année, j'en ferai au moins le double et je m'achèterai un cheval.

JASMIN

Il n'est pas tien, celui-là?

PANTURLE

Non. C'est celui de l'Amoureux; il me le prête. A quoi tu penses?

Je me demande si je vais pas quitter la Compagnie.

PANTURLE

Ils ne sont pas gentils avec toi?

JASMIN

Oui, ils sont gentils... Seulement, comme j'ai pas une instruction extraordinaire, je serai jamais beaucoup plus que maintenant... Et puis, maintenant, dans les villes, ça devient impossible. Ils font tous de la politique. Royaliste, syndicaliste, socialiste, communiste, radicaliste, ils veulent tous t'embrigader par force contre quelque chose. Et avec ça, tout le temps obéir à quelqu'un, à quelque chose : le percepteur, les gendarmes, le règlement, la loi, la morale, le chef de gare... Té, mi fan caga. Je ne sais pas si c'est que j'ai mauvais caractère, mais d'obéir tout le temps, ça m'occupe trop. Alors, si la terre d'ici pouvait me nourrir, moi et mes petits...

PANTURLE

Mon pauvre! Elle en a nourri des millions avant toi. Pourquoi elle te refuserait?

JASMIN

Ma femme, ça lui ferait plaisir, à cause des petits...

PANTURLE

Ecoute, tu vas venir manger à la maison, à midi, et nous en parlerons avec Arsule. Tu sais comme elle est intelligente, avec l'instruction qu'elle a. Elle te dira combien il te faudra de chèvres, combien de poulets, combien de tomates, et ainsi de suite...

JASMIN
Surtout qu'avec les quinze mille francs du père, je peux faire réparer la maison.

PANTURLE
Maintenant, laisse-moi finir ma raie, et puis nous montons au village. Hue, fainéant.

JASMIN
Laisse-la-moi faire, celle-là.

PANTURLE
Et après, si tu me la fais tordue.

JASMIN
Oh, mais dis donc. J'en ai fait, avant mon service militaire. Pas beaucoup, mais j'en ai fait.

PANTURLE
Je vais te mener le cheval. Hue!

JASMIN
Attends que je lève la veste.

Il jette par terre la veste et le képi.

PANTURLE *(souriant)*
En général, les costumes pour obéir, c'est pas des costumes pour travailler.

SUR LE PLATEAU, PRÈS D'AUBIGNANE

Gédémus, suant et soufflant, traîne sa baraque. Au loin, sur le ciel, on voit se découper le village. Gédémus s'avance. Il descend lentement la rue en curieux.

DANS LA CUISINE DE PANTURLE

Panturle, au coin de la table, aiguise un grand couteau, sur une pierre ronde. Arsule met du bois au feu; la marmite de soupe pend à la crémaillère.

ARSULE

Si ça bout trop fort tu pousseras un peu le couvercle. Juste pour laisser sortir la vapeur.

PANTURLE

Où tu vas?

ARSULE

Faire la chambre.

Elle monte l'escalier. Panturle continue à aiguiser le couteau.

DEHORS

Gédémus arrive auprès de la maison de Panturle. Il marche sans faire de bruit. Il laisse sa baraque sur la route et, à pas de loup, il s'approche de la porte.

DANS LA CUISINE

Panturle aiguise toujours son couteau. Tout à coup, il lève la tête, il écoute. La porte s'ouvre doucement. Gédémus passe la tête par l'entrebâillement. Il voit Panturle. Il recule précipitamment.

PANTURLE
Hé, l'homme!

Gédémus entre, avec ses grands couteaux à la ceinture.

Qu'est-ce que tu veux?

GÉDÉMUS
C'est pas la maison de Panturle, ici?

PANTURLE
Oui. C'est moi.

GÉDÉMUS
Salut!

PANTURLE

Salut!

GÉDÉMUS

Je venais un peu te voir pour... Ecoute, ça ne te fait rien que j'entre? Il fait pas chaud, dehors.

PANTURLE

Entre et ferme la porte.

Gédémus entre. Il ferme la porte. Il fait un pas vers le feu.

GÉDÉMUS

Ici, il fait meilleur.

PANTURLE

Oui. Il fait pas mauvais. Tu es seul?

GÉDÉMUS

Oh!... Oui. Je suis seul, et *(il montre le couteau)* tu n'as pas besoin de ça! Je ne suis pas venu comme tu crois et je ne suis pas un de ceux que tu crois... Ça, c'est un bon couteau... Et je m'y connais, en couteaux, je suis aiguiseur.

PANTURLE

Ah! C'est ça, c'est ça!

GÉDÉMUS

Oui, c'est ça.

PANTURLE

Moi aussi, tu vois, de temps en temps. Je l'aiguisais...

GÉDÉMUS

Si tout le monde faisait comme toi, il faudrait que j'aille au chômage!

PANTURLE

Si je t'avais attendu, ici, pour mon couteau ou mes outils, je t'aurais attendu longtemps...

GÉDÉMUS

Moi, pourtant, une fois j'ai passé par ici... Oui. Et puis je suis venu à cette maison... Mais il n'y avait personne. Puis, cette fois-là, j'ai été embêté tout le temps. Puis, cette fois-là aussi, j'ai repêché un homme qui se noyait dans le trou des Chaussières.

PANTURLE

Je sais.

GÉDÉMUS

Ah, tu sais?

PANTURLE

Oui. C'était moi.

GÉDÉMUS

Ah! C'était toi? Ah bon! Parce que comme ça tu pourras me dire et m'expliquer, et ça ne sera pas pour rien que je serai venu jusqu'à Aubignane... Voilà en deux mots : cette fois-là – puisque c'était toi – j'étais avec une femme. Hum. Je vais te dire tout bien comme il faut pour que tu comprennes. C'était une que j'avais ramassée... On s'entendait à peu près... Et puis, cette nuit-là, elle a disparu, comme de la buée. Elle s'est fondue dans l'air du jour. Toi, je comprends, tu t'es remis, comme le frais de la nuit

226

tombait, et tu t'es trouvé là, tout seul, parce que tu ne nous voyais pas : nous étions couchés sous les saules... Alors, tu es parti, c'est naturel. Mais elle? J'ai pas encore compris. Alors, je voulais te demander, comme j'ai déjà demandé aux autres; à ceux des fermes, là-bas... Des fois, en te promenant par là pour chasser, tu ne l'aurais pas rencontrée, morte ou vivante? Enfin, de toute façon, n'importe comment, pour savoir, afin que je sache, enfin... Tu me comprends?

PANTURLE

Et pourquoi tu veux savoir?

GÉDÉMUS

Parce que je vais te dire. Cette femme-là, je l'avais ramassée, un jour, à Sault... Ce n'est pas de la fine fleur, non, pas précisément... Moi, pas vrai, j'étais pas difficile... Et puis, dans mon métier... Et puis, je ne gagne pas beaucoup... Et puis, les pauvres, ils prennent les femmes qu'ils trouvent... Et celles qu'ils trouvent, c'est pas les plus belles... Seulement, pour les choses de la maison, elle valait pas un pet de lapin. Tiens, moi, j'aime la soupe de haricots secs avec quelques pommes de terre et des pommes d'amour et un petit brin de basilic et un petit rayon d'huile... C'est pas difficile, ça! Elle l'a jamais réussie... Et puis, pour le sentiment, tiens, voilà une chose qu'on aime. Et ça coûte pas beaucoup, les grands mercis, et ça montre qu'on est bien élevé – et puis ça se doit... Eh bien, pour ces choses du sentiment, c'était du bois mort ou de la pierre... Tu peux te mettre là à lui donner tout ce qu'elle veut, à lui faire des bonnes manières, lui porter ci, lui porter ça, lui aplanir la vie du jour, rien. Comme du bois.

Tiens, j'ai eu un chien, moi : j'en avais plus de satisfaction. Si je te mens, que le pain m'étouffe, que le vin m'empoisonne, que je meure devant toi sans confession. Voilà, collègue, je t'ai tout dit. C'est pour ton bien. Il m'a semblé te voir à la foire. Et on m'a dit que tu sais où elle est, cette femme?

PANTURLE

Oui. Je le sais. Elle est ici avec moi.

GÉDÉMUS

Et alors?

PANTURLE

Alors, rien.

GÉDÉMUS

Après tout ce que je t'ai dit?

PANTURLE

Oui. Après tout ce que tu m'as dit. Parce que... ça ne compte pas. Et voilà. Et puis, si elle est si mauvaise que ça, tu dois être bien content d'être débarrassé?

GÉDÉMUS

Oui, dans un sens, oui, je suis content. Seulement, cette femme, je l'avais sauvée. Des brutes la martyrisaient. Moi, je l'avais sauvée.

PANTURLE

Moi aussi, tu dis que tu m'as sauvé...

228

GÉDÉMUS

Et c'est vrai... J'en ai sauvé beaucoup, des gens! Si tu savais combien j'en ai sauvé!

PANTURLE

Tu n'as pas beaucoup l'air d'un sauveur...

GÉDÉMUS

Et pourtant!... Et puis, quand elle a disparu, je suis allé prévenir les gendarmes. Ils m'ont gardé à la prison deux jours. C'est des souvenirs, ça, quand même. Et puis, c'était ma femme, et je l'ai nourrie pendant des mois et des mois...

PANTURLE

Tu l'as nourrie? C'est possible... Et toi, collègue, tu as pensé que comme ça elle t'avait donné des mois de sa vie à elle? Et que, pendant tout ce temps-là, tu as un peu pensé qu'elle se figurait sa vie finie et le reste des jours pareils à ceux qu'elle passait avec toi? Ecoute, ne te fâche pas, on est ici pour se parler, on est ici pour tout se dire face à face... Tu dis qu'elle n'était pas belle. Mais toi, tu n'es guère joli... Ça devait pas lui donner beaucoup le rire d'être tout le temps avec toi... Tu me comprends?

GÉDÉMUS

Elle te l'a dit?

PANTURLE

Non. Elle m'en a jamais parlé. Justement. Ça ne doit pas être de bons souvenirs. Alors, si elle a mangé ton pain, moi, à mon idée, c'est payé.

GÉDÉMUS

Ça va. Peut-être, oui. C'est peut-être payé... Seulement, maintenant, je suis seul... Et si je tire la bricole pendant des heures, après mon bras tremble, je peux plus rien aiguiser... Elle m'aidait à traîner la baraque...

PANTURLE

Et alors? Tu veux pas que je te la traîne?

GÉDÉMUS

Non, bien entendu... Mais enfin, puisque tu veux garder la femme, à la place, donne-moi un âne.

PANTURLE *(réfléchit)*

Bon. Je ne suis pas de ceux qui prennent dans le bien des autres, et j'aime quand on parle en face. Ecoute, à te dire vrai, je t'attendais d'un jour à l'autre. Tu es venu aujourd'hui, on va régler ça aujourd'hui. Et ce sera fini. Tu vas voir.

Il se dresse et, sur la cheminée, il prend la boîte de poivre.

Voilà. L'âne, je te le paye. Mais tu comprends? Je te remplace la femme par un âne. Tu me comprends? Je te donne de quoi acheter un âne, et c'est fini.

Il prend dans la boîte un billet de cent francs.

GÉDÉMUS

Oui, seulement, Arsule, elle avait pas besoin de harnais... Tandis que l'âne, il n'aura pas de mains pour prendre les brancards... Alors, le harnais?

230

PANTURLE

Bon. Bon. Combien ça coûte, le harnais pour l'âne? Fais bien attention! Pas pour un mulet; pour un âne.

GÉDÉMUS

D'occasion, avec cinquante francs...

Panturle prend un billet de cinquante francs.

PANTURLE

Si tu veux... D'accord.

Il lui donne le billet. Gédémus le prend et attend.

Mais tu vas me faire un papier.

GÉDÉMUS

Un papier? Et de quoi? Ça ne se fait pas pour ces choses-là.

PANTURLE

Ça se fait pour tout. Enfin, chaque fois qu'on donne de l'argent. Tu mets : « Reçu cent cinquante francs » et tu signes. Pas plus. Ça ira. On saura, toi et moi, ce que ça veut dire. C'est le principal.

DANS LA CHAMBRE

Arsule finit de faire le lit.

DANS LA CUISINE

Gédémus et Panturle trinquent avec deux verres de vin rouge. Puis Panturle regarde le reçu qu'il a à la main.

PANTURLE

Mets un trait dessous cent cinquante, pour que ça se voie bien.

Gédémus met le trait.

Là. Qu'est-ce qu'il y a d'écrit dessous?

GÉDÉMUS

Gédémus. C'est mon nom.

PANTURLE

Bon, ça va.

Il plie le papier et le met dans sa poche. On entend Arsule qui chante au premier.

GÉDÉMUS

Maintenant je pars.

PANTURLE

Oui.

GÉDÉMUS

Tu ne veux pas que je lui dise au revoir?

PANTURLE

A quoi ça servirait?

GÉDÉMUS

A rien. A me faire plaisir seulement. Donc...

PANTURLE

A rien. Au revoir.

GÉDÉMUS

Bon. *(Il sort. Sur le perron, il se retourne vers Panturle.)* Le couteau que tu aiguisais, si tu veux, je te le finis. Parce que toi, tu aiguises, naturellement, mais pas tout à fait comme il faudrait. Tu me comprends?

PANTURLE

Je te comprends, et je te dis merci. Mais quand même, ce n'est pas la peine. Comme je l'aiguise, je sais que ça n'est pas très bien, mais ça me suffit.

GÉDÉMUS

Alors, d'accord. Adieu, Panturle.

Il descend, il hésite, puis il revient vers Panturle, il dit.

Tu sais, ce que j'ai dit sur ta femme... Eh bien, ce n'est pas vrai.

PANTURLE

Je sais.

GÉDÉMUS
C'est même tout le contraire.

PANTURLE
Je sais.

GÉDÉMUS
Et si jamais tu lui parles de la chose, tu devrais lui dire que je t'ai demandé mille francs. Ça serait mieux... Elle serait plus fière...

Il sourit tristement. Il descend l'escalier. Il prend les brancards de sa baraque et il s'en va, tout seul.

DANS UN CHAMP

Et maintenant, c'est un matin de la fin de l'automne. Dans un immense champ labouré, Arsule et Panturle sèment le blé à la volée. Ils se croisent au milieu des champs.

Tout à coup Arsule chancelle et tombe. Panturle s'élance, il la relève doucement.

PANTURLE
Fille, qu'est-ce que tu as?

ARSULE
Rien. Ce n'est rien... N'aie pas peur...

PANTURLE
Ce n'est pas rien de tomber et d'être pâle comme ça... Qu'est-ce que tu te sens?

ARSULE

Va, ce n'est pas une maladie... Au contraire...

PANTURLE *(subitement intéressé,*
il recule, il la regarde)

Au contraire?... Approche-toi, fais-toi voir... *(Il la tâte, de ses grandes mains.)* On dirait... Tu n'étais pas si grosse...

ARSULE

Eh bien, oui... Maintenant, tu sais.

PANTURLE

Sûr?

ARSULE

Oui. Il est déjà vivant. J'ai senti un coup de son pied, là... *(Elle touche son flanc.)*

PANTURLE

Tu en as des idées, toi. Tu en as des idées! *(Il se lève, il détache son tablier des semailles, il le pose à terre. Il détache aussi celui d'Arsule.)* Ça, je le finirai tout seul, tout à l'heure...

ARSULE

Tu sais, je peux t'aider. Ce que j'ai eu, c'est la surprise et le plaisir...

PANTURLE

Non, non, maintenant, tu as ton travail... Le blé, ça, c'est ma graine. Toi, occupe-toi de la tienne. Viens, fille, viens à la maison...

Il pose son bras sur l'épaule d'Arsule. Il l'emmène vers le village.

ARSULE

Je crois que je serai bonne nourrice. Je sens ma poitrine qui travaille... Je ferai gicler mon lait dans l'herbe, pour te faire rire...

Ils montent lentement la pente et Panturle la porte presque.

PANTURLE

Il faudra en parler à l'Alphonsine. Elle te dira tout ce qu'il faut faire...

ARSULE

Oui. Maintenant que je suis sûre, je vais demander.

PANTURLE

J'irai te chercher l'eau, le soir, maintenant...

EN BAS DANS LE VALLON

Il y a deux laboureurs qui tirent de longues raies.

DANS LE VILLAGE

Arsule et Panturle montent la rue. Sur une échelle, il y a un maçon vêtu de blanc, qui siffle et qui recrépit une vieille façade. Panturle s'avance.

236

PANTURLE

Hé, compagnon! Qu'est-ce que tu fais?

LE MAÇON

Tu le vois. Je répare la baraque. Le propriétaire a l'intention de revenir.

PANTURLE

Je crois que tu t'es trompé de maison. C'est pas ici, la maison de Gaubert. C'est là-bas; à côté de la forge.

LE MAÇON

Gaubert, je sais pas ce que c'est. Moi, celui qui m'envoie c'est Ozias Bonnet, celui qui tenait la mercerie au Revest du Bion. Il est venu avec moi, ce matin, et il m'a fait voir la maison.

ARSULE

Il revient?

LE MAÇON

Oui, avec son fils. Il a vendu le magasin. A ce qu'il paraît qu'ici il y en a un qu'avec du blé il a fait fortune. Tu le connais?

PANTURLE

Oui, je le connais. C'est moi.

LE MAÇON

Et tu as fait fortune vraiment?

PANTURLE

Qu'est-ce que tu appelles fortune? Un million?

Cent mille francs? Vingt mille francs? Deux cents francs?

LE MAÇON

Ça dépend.

PANTURLE

Eh oui, ça dépend. Mais pour moi, ça dépend de moi. Et moi, j'appelle fortune quand on est heureux. Alors je peux te dire que j'ai fait fortune.

LE MAÇON

Ça doit être vieux, ces maisons. Il y a du ciment comme on n'en fait plus aujourd'hui... Tu la connais, toi, l'histoire de ce village?

PANTURLE

Oui, je la connais, mais pas toute. Parce que, à cause de nous deux, elle recommence.

EN BAS

Sur la petite route maigre qui passe le col de Tantoï, il y a une charrette qui monte, une charrette pleine d'enfants, avec un vieux grand-père qui est assis en haut d'un déménagement. Un homme jeune, qui marche à la tête du cheval, le tire par la bride.

Panturle et Arsule sont arrivés chez eux, en haut de l'escalier, sur la porte qui domine les vallons. Arsule regarde la charrette qui monte.

238

ARSULE

Et qui c'est celui-là?

PANTURLE

Je ne sais pas. Un ami de plus. Encore un qui a compris.

D'un regard, il embrasse tout le paysage.

C'est pas beau, ça, fille?

ARSULE

Oui, c'est beau.

PANTURLE

C'est une terre de bonne volonté.

On voit un soc qui déchire la terre, la terre qui retombe en vagues de chaque côté. Et c'est l'image qui finit le film.

Aubignane, 10 février 1937.

TABLE

I. Au mois de décembre   11

II. Les semailles d'automne   139

III. Et ce fut l'été   187

IV. Regain   217

VIE DE MARCEL PAGNOL

Marcel Pagnol est né le 28 février 1895 à Aubagne.

Son père, Joseph, né en 1869, était instituteur, et sa mère, Augustine Lansot, née en 1873, couturière.

Ils se marièrent en 1889.

1898 : naissance du Petit Paul, son frère.

1902 : naissance de Germaine, sa sœur.

C'est en 1903 que Marcel passe ses premières vacances à La Treille, non loin d'Aubagne.

1904 : son père est nommé à Marseille, où la famille s'installe.

1909 : naissance de René, le « petit frère ».

1910 : décès d'Augustine.

Marcel fera toutes ses études secondaires à Marseille, au lycée Thiers. Il les terminera par une licence ès lettres (anglais) à l'Université d'Aix-en-Provence.

Avec quelques condisciples il a fondé *Fortunio*, revue littéraire qui deviendra *Les Cahiers du Sud*.

En 1915 il est nommé professeur adjoint à Tarascon.

Après avoir enseigné dans divers établissements scolaires à Pamiers puis Aix, il sera professeur adjoint et répétiteur d'externat à Marseille, de 1920 à 1922.

En 1923 il est nommé à Paris au lycée Condorcet.

Il écrit des pièces de théâtre : *Les Marchands de gloire* (avec Paul Nivoix), puis *Jazz* qui sera son premier succès (Monte-Carlo, puis Théâtre des Arts, Paris, 1926).

Mais c'est en 1928 avec la création de *Topaze* (Variétés) qu'il devient célèbre en quelques semaines et commence véritablement sa carrière d'auteur dramatique.

Presque aussitôt ce sera *Marius* (Théâtre de Paris, 1929), autre gros succès pour lequel il a fait, pour la première fois, appel à Raimu qui sera l'inoubliable César de la Trilogie.

Raimu restera jusqu'à sa mort (1946) son ami et comédien préféré.

1931 : Sir Alexander Korda tourne *Marius* en collaboration avec Marcel Pagnol. Pour Marcel Pagnol, ce premier film coïncide avec le début du cinéma parlant et celui de sa longue carrière cinématographique, qui se terminera en 1954 avec *Les Lettres de mon moulin*.

Il aura signé 21 films entre 1931 et 1954.

En 1945 il épouse Jacqueline Bouvier à qui il confiera plusieurs rôles et notamment celui de Manon des Sources (1952).

En 1946 il est élu à l'Académie française. La même année, naissance de son fils Frédéric.

En 1955 *Judas* est créé au Théâtre de Paris.

En 1956 *Fabien* aux Bouffes Parisiens.

En 1957 publication des deux premiers tomes des *Souvenirs d'enfance* : *La Gloire de mon père* et *Le Château de ma mère*.

En 1960 : troisième volume des *Souvenirs* : *Le Temps des secrets*.

En 1963 : *L'Eau des collines* composé de *Jean de Florette* et *Manon des Sources*.

Enfin en 1964 *Le Masque de fer*.

Le 18 avril 1974 Marcel Pagnol meurt à Paris.

En 1977, publication posthume du quatrième tome des *Souvenirs d'enfance* : *Le Temps des amours*.

BIBLIOGRAPHIE

1926. *Les Marchands de gloire*. En collaboration avec Paul Nivoix, Paris, L'Illustration.

1927. *Jazz*. Pièce en 4 actes, Paris, L'Illustration. Fasquelle, 1954.

1931. *Topaze*. Pièce en 4 actes, Paris, Fasquelle.
Marius. Pièce en 4 actes et 6 tableaux, Paris, Fasquelle.

1932. *Fanny*. Pièce en 3 actes et 4 tableaux, Paris, Fasquelle.
Pirouettes. Paris, Fasquelle (Bibliothèque Charpentier).

1933. *Jofroi*. Film de Marcel Pagnol d'après *Jofroi de la Maussan* de Jean Giono.

1935. *Merlusse*. Texte original préparé pour l'écran, Petite Illustration, Paris. Fasquelle, 1936.

1936. *Cigalon*. Paris, Fasquelle (précédé de *Merlusse*).

1937. *César*. Comédie en deux parties et dix tableaux, Paris, Fasquelle.
Regain. Film de Marcel Pagnol d'après le roman de Jean Giono (Collection « Les films qu'on peut lire »). Paris-Marseille, Marcel Pagnol.

1938. *La Femme du boulanger*. Film de Marcel Pagnol d'après un conte de Jean Giono, « Jean le bleu ». Paris-Marseille, Marcel Pagnol. Fasquelle, 1959.
Le Schpountz. Collection « Les films qu'on peut lire », Paris-Marseille, Marcel Pagnol. Fasquelle, 1959.

1941. *La Fille du puisatier*. Film, Paris, Fasquelle.

1946. *Le Premier Amour*. Paris, Editions de la Renaissance. Illustrations de Pierre Lafaux.

1947. *Notes sur le rire*. Paris, Nagel.
   Discours de réception à l'Académie française, le 27 mars 1947. Paris, Fasquelle.
1948. *La Belle Meunière*. Scénario et dialogues sur des mélodies de Franz Schubert (Collection « Les maîtres du cinéma »), Paris, Editions Self.
1949. *Critique des critiques*. Paris, Nagel.
1953. *Angèle*. Paris, Fasquelle.
   Manon des Sources. Production de Monte-Carlo.
1954. *Trois lettres de mon moulin*. Adaptation et dialogues du film d'après l'œuvre d'Alphonse Daudet, Paris, Flammarion.
1955. *Judas*. Pièce en 5 actes, Monte-Carlo, Pastorelly.
1956. *Fabien*. Comédie en 4 actes, Paris, Théâtre 2, avenue Matignon.
1957. *Souvenirs d'enfance*. Tome I : La Gloire de mon Père. Tome II : Le Château de ma mère. Monte-Carlo, Pastorelly.
1959. *Discours de réception de Marcel Achard à l'Académie française et réponse de Marcel Pagnol,* 3 décembre 1959, Paris, Firmin Didot.
1960. *Souvenirs d'enfance*. Tome III : Le Temps des secrets. Monte-Carlo, Pastorelly.
1963. *L'Eau des collines*. Tome I : Jean de Florette. Tome II : Manon des Sources, Paris, Editions de Provence.
1964. *Le Masque de fer*. Paris, Editions de Provence.
1970. *La Prière aux étoiles, Catulle, Cinématurgie de Paris, Jofroi, Naïs*. Paris, Œuvres complètes, Club de l'Honnête Homme.
1973. *Le Secret du Masque de fer*. Paris, Editions de Provence.
1977. *Le Rosier de Madame Husson, Les Secrets de Dieu*. Paris, Œuvres complètes, Club de l'Honnête Homme.
1977. *Le Temps des amours*, souvenirs d'enfance, Paris, Julliard.
1981. *Confidences*. Paris, Julliard.
1984. *La Petite Fille aux yeux sombres*. Paris, Julliard.

   Les œuvres de Marcel Pagnol sont publiées dans la collection de poche « Fortunio » aux éditions de Fallois.

Traductions

1947. William Shakespeare, *Hamlet*. Traduction et préface de Marcel Pagnol, Paris, Nagel.
1958. Virgile, *Les Bucoliques*. Traduction en vers et notes de Marcel Pagnol, Paris, Grasset.
1970. William Shakespeare, *Le Songe d'une nuit d'été*. Paris, Œuvres complètes, Club de l'Honnête Homme.

FILMOGRAPHIE

1931 – MARIUS (réalisation A. Korda-Pagnol).
1932 – TOPAZE (réalisation Louis Gasnier).
FANNY (réalisation Marc Allegret, supervisé par Marcel Pagnol).
1933 – JOFROI (d'après *Jofroi de la Maussan* : J. Giono).
1934 – ANGÈLE (d'après *Un de Baumugnes* : J. Giono).
1934 – L'ARTICLE 330 (d'après Courteline).
1935 – MERLUSSE.
CIGALON.
1936 – TOPAZE (deuxième version).
CÉSAR.
1937 – REGAIN (d'après J. Giono).
1937-1938 – LE SCHPOUNTZ.
1938 – LA FEMME DU BOULANGER (d'après J. Giono).
1940 – LA FILLE DU PUISATIER.
1941 – LA PRIÈRE AUX ÉTOILES (inachevé).
1945 – NAÏS (adaptation et dialogues d'après E. Zola, réalisation de Raymond Leboursier, supervisé par Marcel Pagnol).
1948 – LA BELLE MEUNIÈRE (couleur Roux Color).
1950 – LE ROSIER DE MADAME HUSSON (adaptation et dialogues d'après Guy de Maupassant, réalisation Jean Boyer).
1950 – TOPAZE (troisième version).
1952 – MANON DES SOURCES.
1953 – CARNAVAL (adaptation et dialogues d'après E. Mazaud, réalisation : Henri Verneuil).
1953-1954 – LES LETTRES DE MON MOULIN (d'après A. Daudet).
1967 – LE CURÉ DE CUCUGNAN (moyen métrage d'après A. Daudet).

IMPRIMÉ EN FRANCE PAR BRODARD ET TAUPIN
Usine de La Flèche (Sarthe), le 21-04-1995.
6335L-5 - N° d'Éditeur 44, dépôt légal : mai 1989.

ÉDITIONS DE FALLOIS · 22, rue La Boétie - 75008 Paris
Tél. 42.66.91.95